U0134993

智慧的珍寶

Gems of Wisdom

聆聽智慧的聲音

根據箴言的100日靈修指引

邵貴恩 著

By Gwen R. Shaw

李琳 譯

前言

一九九〇年十一月，一場大火燒毀了我們的行政大樓，其中包括我們的辦公室、印刷設備、倉庫、書籍、事奉學校，和從我五十年事奉生涯留下、許多無可取代的寶貴資產。其中最重要的損失，就是我剛完成、以箴言和傳道書為主軸的每日靈修指引，只有其中一部分保留下來。我非常悲傷，因為我花了大約四年的時間寫作，已經準備要送印了。

經過這個可怕的意外，我幾千本的書被燒毀，我感覺自己似乎再也無法寫作了。但因著神的良善，接下來我又出版了更大型的著作《從耶穌的心》（From the Heart of Jesus），是基於耶穌生平的每日靈修指引。然而，我沒有靈感再寫箴言的內容了，所以我們出版了從火災留下的部分（因為它在另一棟建築物進行校對），書名為《從火中存留的智慧珍寶》（Gems of Wisdom Saved from the Fire）。

到了一九九三年，主又催促我再次寫作關於箴言的內容。他提醒我猶大王約雅敬曾經燒毀耶利米的預言，然而，主對他說：「你再取一卷，將猶大王約雅敬所燒第一卷上的一切話寫在其上。」（耶利米書卅六章28節）聖經又說：「於是，耶利米又取一書卷交給尼利亞的兒子文士巴錄，他就從耶利米的口中寫了猶大王約雅敬所燒前卷上的一切話，另外又添了許

多相彷的話。」（耶利米書卅六章32節）

耶利米如果沒有花費力氣重寫被燒毀的內容，今天我們就沒有耶利米書中的許多內容了。

我也想到近代宣教之父威廉・克里（William Carey），他也曾經痛失寶貴的聖經翻譯手稿、文法書和他密集研究寫作幾個月的書籍。這是印度宣教工作的重大損失和不幸。許多寶貴的手稿是無可取代的。但威廉・克里鼓勵自己，以利亞就是在火之後聽到神「微小的聲音」。

我們就是從這樣的悲劇被試驗、熬煉。存留下來的就是金和銀。

我寫是因為神感動我去寫，有些部分是基於我對箴言的理解，而某些內容彷彿是主親自賜下的。

在火災四年之後，我很高興終於完成了整本箴言的靈修指引。當我這麼做，我想要對你說威廉・克里說過的話：「損失很慘重，但第二趟歷程無論多麼痛苦，通常還是比較輕鬆和明確的，所以我相信作品中真正的價值並沒有損失……」

向你獻上這本書，我感覺自己順服了主的話，祂對耶利米說：「你再取一卷，將猶大王約雅敬所燒第一卷上的一切話寫在其上。」

編注：中文版《智慧的珍寶》分為三冊出版，《智慧的珍寶——聆聽智慧的聲音》為第一冊，解析箴言第一～十四章經文。

介紹

箴言集結了許多智慧格言，因此我稱之為「智慧的珍寶」。

現在該是時候，神的百姓當好好研讀及默想聖經中的箴言。在箴言中，我們會找到正直、誠實、公義、智慧的生活指引。

現今世界充斥著罪惡和敗壞，到達過去世代所不曾見的地步。人們是非不分，但箴言則清楚教導其中的差別。

凡學習及默想箴言的人將領受特別的祝福。我相信喜愛箴言和研讀、默想箴言的人，都會大大蒙福。

箴言是神透過許多人的書寫、保存和集結而傳給我們的。他們明白這些箴言的寶貴價值，並在聖靈的感動下完成。

這些箴言不是人的思想，所以它們是永恆的，其中的智慧對我們今日的幫助，就如同幾千年前寫作時一樣。

所羅門是其中一位作者，但真正的作者是聖靈，其中每一句話都適用於今日。你如果經歷困難，面臨難以解決的問題，可以在箴言中找到答案。

箴言是今日墮落、罪惡世代亟需的信息，是未來黑暗世界中的指引。

邵貴恩

5

第 *1* 天

神已賜智慧和知識給祂的兒女

「以色列王大衛兒子所羅門的箴言：要使人曉得智慧和訓誨，分辨通達的言語，使人處事領受智慧、仁義、公平、正直的訓誨，使愚人靈明，使少年人有知識和謀略，使智慧人聽見，增長學問，使聰明人得著智謀，使人明白箴言和譬喻，懂得智慧人的言詞和謎語。」（箴言一章1～6節）

我親愛的孩子，尋求智慧是一件美事，因為智慧是開啟一切美好事物的鑰匙。若是沒有智慧，生命就缺乏正確的引導、不明是非、沒有公平正義、失去純正的判斷、難辨好歹，如此一來在今生和來世都將難以成就大事。

沒有智慧的人不會明白智慧的價值，也不會渴慕尋求它。智慧可以衍生啟發出更多的智慧，我在世上的時候所說的話是真切的：「凡有的，還要加給他，叫他有餘。」（馬太福音十三章12節）

沒有智慧的人也不會渴望得到智慧，他滿足於現況，不渴慕智慧也覺得不需要尋求它。

但是明白人會專注聆聽、努力學習，他能夠領受並給予他

人智慧的忠告。

你所見的有屬世的智慧，也有從天上直接賜下的智慧。

我就是這智慧的源頭，當你來到我的面前親近我，就可以聽到我的訓誨，你會一天比一天更像你天上的教師，並且能夠給予身邊的人明智的忠告。

第 2 天

天堂的藏書室
為渴慕知識的人開放

「敬畏耶和華是知識的開端；愚妄人藐視智慧和訓誨。」（箴言一章7節）

世上所謂的智慧對我來說都是愚拙的，而在世上眾人的眼光中，從上而來的真智慧又是何等的愚拙。其實一切真智慧的根源，就在於認識我是神，眾人都要敬畏尊崇我（參考申命記六章4～5節）。

如果有人拒絕神，就等於拒絕了智慧的源頭，他的靈魂失去了基石，今生和來世都將面臨極大的危機。

敬畏耶和華是一切知識和智慧的開端，對人類的生命和提升都是絕對的基礎。

因為人類背棄不認我，所以整個世界都陷入了極度混亂的

狀態。他們不知道自己的愚昧，因而輕看我的智慧與教誨，他們拒絕我的教導，被指責的時候只會發怒。

敬畏我使人得以進入學習的大殿堂，凡願意踏出學習腳步的人，我都賜給他知識之鑰，使他能夠開啟天堂的藏書室。其中收藏了過去與未來萬世的資料，供那些有智慧、渴慕真理的人使用，這些資料都是超自然、從天上來的。

當「愚頑人心裡說：沒有神」（詩篇十四篇1節），他就一步步地深陷在黑暗、絕望和迷惘中，只會愈來愈敗壞、做盡惡事。

惟獨認識神的子民「必剛強行事」（但以理書十一章32節）。

要渴慕更認識我，與我親近，因為惟有如此，你才能來到真智慧的源頭，而智慧殿堂的大門也會為你開啟。

第 *3* 天

智慧的獎賞是你項上的金鍊

「我兒，要聽你父親的訓誨，不可離棄你母親的法則；因為這要作你頭上的華冠，你項上的金鍊。」
（箴言一章8～9節）

神吩咐我們要聽從地上敬虔父親的教導，他會以真理與公義之道訓誨你，使你得以興旺成功。

好父親會花時間教導孩子神的話語，他知道自己最珍貴的寶貝孩子，是從自己而出，也是他自我的延伸，因此他會盡一切所能，培養孩子成為正直的好孩子，使自己也得著榮耀。孩子就像是父親的複製品，除了父親本人之外，沒有任何人可以複製出這孩子。

而對你們這些身為父親的，神說：「世界上那麼多男人，但你是你孩子惟一的父親。」

要活出這一段的箴言，親子雙方都扮演了重要的角色：父親要教導孩子，而孩子也要留心聆聽父親所說的。

我不僅賜下父親來教導孩子，同時也賜母親來教導孩子一切的律例。這一段箴言中就提醒：「不可離棄你母親的法則。」

敬虔的母親要教導孩子神的話語和神聖的律例，使孩子能夠持守在真理的道路上。若能留心領受、不離棄父母所教導的真理，這孩子是有智慧的。

這一切的真理將永遠活在他的生命中，這些寶貴的真理，就像智慧的子女頭上所戴的恩典冠冕。也像一條金鍊子，這是一條擁有尊貴權柄的鍊子，只有王室成員或是極尊貴的人才配得擁有，就如同當年的約瑟（參考創世記四十一章42節）和但以理（參考但以理書五章29節），他們因大有智慧而贏得金鍊。

第 *4* 天

不論有什麼承諾，
絕不與惡者同行

「我兒，惡人若引誘你，你不可隨從。他們若說：你
與我們同去，我們要埋伏流人之血，要蹲伏害無罪
之人；我們好像陰間，把他們活活吞下；他們如同下
坑的人，被我們圍圍吞了；我們必得各樣寶物，將所
擄來的，裝滿房屋；你與我們大家同分，我們共用一
個囊袋；我兒，不要與他們同行一道，禁止你腳走他
們的路。因為，他們的腳奔跑行惡；他們急速流人的
血。」（箴言一章10～16節）

惡者喜歡呼朋引伴，就像路西弗不願獨自在永遠的火湖中
受苦一樣，惡者通常喜歡把別人一起拖下水，陪牠下地獄。

惡者通常會作出空洞的承諾，保證你大富大貴，如經上所
記：「我們必得各樣寶物，將所擄來的，裝滿房屋。」

牠誓言成為你的同志、好友：「你與我們大家同分，我們
共用一個囊袋。」

這些都是異端邪教的說詞，而這些說詞從未兌現。群體裡
總是會出現背叛的「猶大」，偷去囊袋中的寶物。

作惡所得的財物必要帶來咒詛，凡是竊取不屬於自己的東

11

西，這些得到的寶物都會成為咒詛。

最可悲的是人們總是不能滿足於自己所擁有的，總是奢望能得到更多。他們首先會以說謊欺騙的方式去取得，最後甚至不惜殺害他人來得到更多。

很多殺人犯都是從偷小東西開始，然後慢慢走向毀滅的命運。

那些同流合汙殘害無辜的人有禍了！

不要跟說這種話的人同夥：「你與我們同去，我們要埋伏流人之血，要蹲伏害無罪之人；我們好像陰間，把他們活活吞下；他們如同下坑的人，被我們囫圇吞了。」

流無辜之人的血的人，不要和他們同路，要拒絕行這些惡事。

因為到了審判那日，他們將受極大的刑罰。生命冊會被翻開，謀害無辜之人來使自己獲利的人，他們要為此受到審判，流無辜之人鮮血而得的財寶，將受到極大的咒詛。

第 *5* 天

貪婪是你靈魂的陷阱

「因為，他們的腳奔跑行惡；他們急速流人的血，好像飛鳥，網羅設在眼前仍不躲避。這些人埋伏，是為自流己血；蹲伏，是為自害己命。凡貪戀財利的，所行之路都是如此；這貪戀之心乃奪去得財者之命。」

（箴言一章16～19節）

如果捕鳥人在撒網的時候，被鳥兒察覺到的話，他們就抓不到鳥了。

所以為了轉移鳥兒的注意力，捕鳥人會在四周先撒下大把的鳥食，當鳥兒沒有戒心，飛下來吃鳥食的時候，捕鳥人就撒出捕鳥的網子，將牠們一舉擒住。

就像貪心的鳥兒貪吃鳥食最終招致滅亡一樣，貪婪也成了人的網羅。貪婪的人以為自己可以大有斬獲，但結果他們的靈魂卻走向滅亡。

「這些人埋伏，是為自流己血。」他們其實是將自己的靈魂投入圈套，並將承受極大的損失。

如果他們有智慧的話，就不會容許自己掉入貪婪的陷阱，但因著愚蠢，他們一下子就被套住了。貪得無厭會毀了你，保羅就曾寫信告訴提摩太：「然而，敬虔加上知足的心便是大利了；因為我們沒有帶什麼到世上來，也不能帶什麼去。只要有衣有食，就當知足。但那些想要發財的人，就陷在迷惑、落在網羅和許多無知、有害的私慾裡，叫人沉在敗壞和滅亡中。貪財是萬惡之根。有人貪戀錢財，就被引誘離了真道，用許多愁苦把自己刺透了。但你這屬神的人要逃避這些事，追求公義、敬虔、信心、愛心、忍耐、溫柔。」（提摩太前書六章6～11節）

敬虔會叫我們知足，而知足會帶來內心的平安。

13

第 6 天

歡迎智慧的天使進入你生命

「智慧在街市上呼喊，在寬闊處發聲，在熱鬧街頭喊叫，在城門口，在城中發出言語，說：你們愚昧人喜愛愚昧，褻慢人喜歡褻慢，愚頑人恨惡知識，要到幾時呢？」（箴言一章20～22節）

智慧就像一個天使，在城裡遊走，挨家挨戶地走訪。在眾人喧鬧、議論、爭吵的城門口和市中心廣場，你都可以找到她。她四處遊走，從學習殿堂到議會大廳、從國會到梵諦岡、從小市集到國際貿易中心，總是不斷呼喊，希望有人聆聽她的聲音。

他看到人們匆匆忙忙，一心尋找自己所追尋的，卻忽略了靈魂深處的飢渴。

他也呼喚那些驕傲的人，這些人以為可以依靠自己的專業或是多年的經驗和知識，她說：「你們愚昧人喜愛愚昧，褻慢人喜歡褻慢，愚頑人恨惡知識，要到幾時呢？」

全知的神從天上俯瞰屬於地上的智慧，就同情那些自以為什麼都知道的人，他們行在無知與空虛中，神為他們感到憂傷。

他們就像住在動物園籠子裡的動物一樣，以為這籠子就是世界，因為牠們對所住的籠子和餵食的時間表很熟悉，就覺得自己已經認識了全世界。但是荒野中的野獸卻要嘲笑牠們，因為牠們對大荒野中的狩獵、求偶和生活技能根本一無所知。同樣地，人所能得到的知識，只限於人類的發明與研究。殊不知當人們為自己的聰明才智感到得意洋洋的時候，智慧可能正在門外叩門，懇求他們聽聽智慧的聲音，學習何為真智慧。對於謙卑尋求的人，神要白白地將這智慧賜給他們。

第7天

只要你回轉，
我要將我的靈澆灌你們

「你們當因我的責備回轉；我要將我的靈澆灌你們，
將我的話指示你們。我呼喚，你們不肯聽從；我伸
手，無人理會。」（箴言一章23～24節）

我張開雙臂站在這裡，大聲呼喚這個墮落的世代回轉向我。我不斷呼喚又呼喚，我差了先知與佈道家到他們那裡，但他們對我的呼喚聽而不聞。

我愛他們，但他們已經不愛我了——顯然不像過去那樣愛我。

現在我要以責備來喚醒他們，我要用乾旱、瘟疫、洪水、火災、地震和暴風雨來懲罰磨練他們。或許他們會因我的責備而回轉，或許會明白，我透過風暴的眼、火災的烈焰、大地的震動和瘟疫的痛苦對他們說話。

我多麼盼望他們能回轉歸向我！我會大大地愛他們、祝福他們！我要向他們揭示我話語中的真理與奧祕。就像人對所愛慕的人打開自己的心房，我要以最親密慈愛的方式向他們顯現。我會保守他們不遭任何災害，絕不容許任何邪惡的勢力傷害他們。

凡向我回轉的，我已經預備好了，我要以我的聖靈澆灌他們。

其實天堂的祝福已經在那裡等待，但那些墮落的族類、對我不冷不熱的人，他們早已遠離屬神的道路，並且愛世界勝過愛我。除非他們為自己的剛硬和冷漠向我認罪悔改，否則天上的祝福就絕對不會降下。

我的心中極其憂傷，因為我呼喚，他們卻拒絕聽我；我伸出雙手，他們卻忽視那雙為他們流血、帶著釘痕的手。

使徒保羅說得是，他論到我時說：「至於以色列人，他說：『我整天伸手招呼那悖逆頂嘴的百姓。』」（羅馬書十章21節）

趁一切還來得及的時候，快快呼喚那些遊蕩的百姓回轉歸向我吧！如果有人聽從你而轉向我，你就拯救了一個靈魂免於地獄之火。

第 *8* 天

若不聽神的呼喚，
祂也可能不聽你的呼救

讀經：箴言一章24～33節

「我呼喚，你們不肯聽從；我伸手，無人理會；反輕棄我一切的勸戒，不肯受我的責備。你們遭災難，我就發笑；驚恐臨到你們，我必嗤笑。驚恐臨到你們，好像狂風；災難來到，如同暴風；急難痛苦臨到你們身上。那時，你們必呼求我，我卻不答應，懇切地尋找我，卻尋不見。因為，你們恨惡知識，不喜愛敬畏耶和華，不聽我的勸戒，藐視我一切的責備。」（箴言一章24～30節）

凡是拒絕我的教誨、輕看我責備的人，都必須面對可怕的審判。雖然人犯罪所要承受的審判並不是立刻臨到，但這並不表示他能免去最終的刑罰。審判最終將會到來，我的話語已經清楚寫明。身為永恆的審判者，人若不斷犯罪拒絕我的憐憫和恩典，通常當他還在世上時，我已經作出判決了。

我有恆久忍耐的恩典，你犯罪沒有立刻受到懲罰，並不表示我無視於你的罪。我的靈也許仍然會降臨在你身上，也許仍

然有一段時間使用你做我的工，但若不悔改，聖靈終究會離開你，這時候你就會體驗到被神撤棄的可怕。

我對尼哥德慕說的話就是這個意思，我說：「摩西在曠野怎樣舉蛇，人子也必照樣被舉起來，叫一切信祂的都得永生。神愛世人，甚至將祂的獨生子賜給他們，叫一切信祂的，不致滅亡，反得永生。因為神差祂的兒子降世，不是要定世人的罪，乃是要叫世人因祂得救。信祂的人，不被定罪；不信的人，罪已經定了，因為他不信神獨生子的名。」（約翰福音三章14～18節）

我告訴尼哥德慕，整個世界都中了蛇的毒正走向死亡，但凡在曠野看到摩西以杖舉起銅蛇的人都可以得救、得醫治。同樣地，我也要被舉起來，凡是仰望我，接受我為救主的，就能得救，遠離死亡的毒鉤。我說得很清楚，信我的就不被定罪，但不信的，罪已經定了。

在這段箴言中，我發出警告，審判的那日將至，那時候罪人將向我呼求，但一切都已太遲。就像他們拒絕我出於愛與憐憫的呼召一樣，當災難降臨在他們身上時，我也會拒絕他們在痛苦中的哀求——這是他們必然的結局！

第 *9* 天

尋求真理如同尋找精金

「我兒，你若領受我的言語，存記我的命令，側耳聽智慧，專心求聰明，呼求明哲，揚聲求聰明，尋找他，如尋找銀子，搜求他，如搜求隱藏的珍寶，你就明白敬畏耶和華，得以認識神。」（箴言二章1～5節）

我在召喚你，要尋求從我而來的智慧，離了我就沒有真智慧。智慧是與我分不開的。這智慧會引導你，使你的靈敬畏我。因此不信的和譏笑的人都得不到真智慧，也無從認識生命的真義。

這段經文闡述了獲得真智慧的關鍵：

一、首先，你必須像孩子面對父親一般，謙卑自己，接受我話語中的真理。

二、你必須將這些真理藏在心中，以背誦的方式記憶我的話語。背誦神的話能激發你的心智，增強你的記憶力。

三、認真傾聽！換句話說，要如同小狗豎起耳朵認真聽聲音，你要儆醒聆聽，以得到智慧。

四、用心去理解。當你用心去明白，或是專心致力於某事時，你會投資自己的時間，並把其他的事務和娛樂都暫放一

邊，你會為了目前想要專注的事情而有所犧牲。

五、「呼求明哲，揚聲求聰明。」來到我面前流淚哭求，將你心中所有屬人的思想都倒空，讓我來教導你真理。呼求真理，大聲地呼求。

六、尋求神的真理如同尋找銀子，努力挖掘真理，好像在挖掘寶藏一樣。一篇一篇、一節一節地研讀，將經文對照比較、以經解經，並尋找你尊重也受他人尊重的敬虔教師，來求證你對經文的解讀。

絕不要只向某一人求教，這可能會有危險。也不要單靠自己讀經，很多人覺得自己什麼都知道，最後卻犯了大錯。好好地研究，將希伯來文和希臘文彼此對照研討一下。挖掘再挖掘！你聖經中的那些文字背後藏著偉大的寶藏。

如果你這麼做的話，就能夠明白我的道路，你將學會認識我，因為我要向你彰顯我自己，正如我在約翰福音十四章21節中說的：「有了我的命令又遵守的，這人就是愛我的；愛我的必蒙我父愛他，我也要愛他，並且要向他顯現。」

第 *10* 天

天堂的藏書室
將為喜愛真理的人而開

「因為，耶和華賜人智慧；知識和聰明都由他口而出。祂給正直人存留真智慧，給行為純正的人作盾牌。」（箴言二章6～7節）

有些人以為我說過的話，就不會再說了，不是這樣的，我一直在講話。我今天正在對你說話，甚至是現在也正在向你彰顯我自己，並賜下我的話語。

智慧和明哲從我口中而出，我盼望將我的智慧傳授給你。如果你願意聆聽並花時間默想，我會告訴你很多奇妙美好的真理。

我的孩子中有很多人，他們之所以在屬天的知識上沒有長進，是因為他們自以為什麼都知道了。如果你一直是受教於地上的人，怎麼可能會知道所有天上屬神的知識呢？那是不可能的！你恐怕得花永遠的生命去學習屬神的知識，因為永生的奧祕只有在永生裡才能彰顯出來。

我已經為你預備了全備的智慧，這智慧將提供你支持、幫助和拯救的知識。

不能拯救、幫助和給予支持的「智慧」，不是從我而來的

智慧。

你如果能稍稍一窺這份為義人存留、無比豐富的智慧，一定會飢渴地尋求它！你會像古代那些猶太拉比、律法家或是敬虔的門徒一般，窮盡一生去追尋。

但可悲的是，很多人都闔上了這本智慧之書。此書原是要向世人揭示我的愛子，如經上所記的：「我的事在經卷上已經記載了。」（詩篇四十篇7節；希伯來書十章7節）

有些人雖然熱愛真理，但是因為忙於服事他人，以致沒有時間好好研讀聖經。我要給這些人一點特別的殊榮，在天上學習的殿堂中，歷世歷代偉大的教師都要來教導你們，智慧的教師將要為你解開萬世以來的奧祕。你將得以進入天上的藏書室，而知識的書冊將會向你開啟，你可以讀到聖經最原始的版本，並按當初寫成的語文來解析研讀。當你預備好了，就可以去教導其他人，這就是我國度裡的法則。

然而在你來到天上學習的殿堂之前，我其實已經賜你聖靈來教導你。所以當你學習聆聽聖靈的時候，祂不但要將屬天的智慧向你開啟，還要成為你的遮蓋，因為真理的知識可以保護你脫離那惡者。

第*11*天

我的守望者會時刻保護你，
為你預備前面的道路

「為要保守公平人的路，護庇虔敬人的道。」（箴言
二章8節）

我常會差遣「守望者」（參考但以理書四章13、17節）去
巡察你的道路，所以我非常清楚你要走的每一條路。

你今日所踏上的路途，都有我的守衛與保護，甚至在你明
日早晨醒來之前，我就已經把你這天要走的路都檢查過了。

凡事都必須先經過我的允許，才能夠發生在你的生命
中。甚至連你的悲情與痛苦、憂傷與失望，都是在我對你的愛
中允許發生的。還有你一生在地上要影響哪些人的生命，我也
都事先計畫好了。

透過我所允許發生的傷痛，你將被塑造成更像我的樣
子。所有事情的發生都有它的目的，只要你以智慧的判斷選擇
腳下的路，就會知道你一直都在我保護的羽翼之下。

請注意，因為我知道仇敵有多麼想要在聖徒的生命旅程中
毀滅他們，所以我必要守護他們的道路，而且我也差遣看不見
的「守望者」在你一切的路上保護你。

我已經在你要走的道路兩旁都圍上了護欄，仇敵絕對無法

衝破護欄。我差的守望者就是你的守護天使，他一刻也不停地守護著你，以及你所踏上的道路。

天使將保護你所行的道路，不受毒蛇及猛獸的攻擊。

然而惟有你自己可以照亮你的路，你必須研讀、牢記我的話語。

大衛明白這個真理，所以他說：「祢的話是我腳前的燈，是我路上的光。」（詩篇一一九篇105節）大衛之所以能這麼說，就是因為他花了時間去研讀默想神的話（參考詩篇六十三篇6節，七十七篇12節，一一九篇15、23、48、148節）。

你如果效法大衛就能蒙福，並在遭難的日子受到保護。

第 *12* 天
不要遠離公平仁義的真道

「你也必明白仁義、公平、正直、一切的善道。智慧必入你心；你的靈要以知識為美。」（箴言二章9～10節）

惟有走在公義的道路上，你才不致遭受惡者的攻擊，一旦你離了公義之路，你的靈馬上就陷入危險。因為其他的道路不論看起來有多麼迷人、正當，都會引你走向滅亡及永遠的咒詛。

如果你走在我的道路圍籬中，你就會明白什麼是公義，就能分辨是與非，有能力作出合乎真理的正確判斷。對於人口中所出的教導，你也就能夠分辨真偽。

　　你的一生自然會按公義而行，在面對自己、他人和我的時候，都正直誠實。

　　很多人常欺騙自己，而性格中的不誠實、不潔和虛謊都是由此開始的。他們從自欺開始，對自己不誠實、欺騙自己，不面對現實。一段時間之後，他會開始相信自己編的謊言，如果你告訴他他在說謊，他不會承認，因為他相信自己的話都是真的，那是他所想要相信的。懷著欺哄之靈的人，可能連測謊機都測不出來，因為他們並不覺得自己是在說謊。知道自己在說謊的人，他的生理反應才可以透過測謊機測出來。

　　在正直誠實的人身上不會看到不誠實的言行，因為誠實已經成為他性格的一部分，他走在誠實公義的道路上。

　　誠實人也會走上美好的道路，他會在自己生命的道路上，看到一切心中所渴望的：美好、善良、歡欣、喜樂、成就、快樂、健全和一切美善的德行，看到一切靈裡所渴想的。

　　這就是為什麼當天上的天使看到有人遠離公義的正路，走上罪惡滅亡的道路時，會感到困惑和憂傷。因為天使能看到，是邪靈透過人的肉體和貪婪在人心裡運作，使其走偏了路。

　　然而當你心中有智慧，你的靈會喜愛真理，你會成為世人的榜樣，活出真正神兒女的樣式。

第 *13* 天

分別善惡樹使人得到益處或走向滅絕

「謀略必護衛你；聰明必保守你，要救你脫離惡道，脫離說乖謬話的人。那等人捨棄正直的路，行走黑暗的道，歡喜作惡，喜愛惡人的乖僻，在他們的道中彎曲，在他們的路上偏僻。」（箴言二章11～15節）

審慎是一項寶貴的恩賜，但大部分的人都不看重它，所以也未能擁有這項恩賜。人們多半寧可靈巧、耍手段或造成分裂。他們自豪於自己的詭詐和佔人便宜的能力，誇口自己能夠殘酷地將別人踩在腳下。

審慎的希伯來文是 *mezimmah*，它字根的意思是「計畫」。它常常用來描述邪惡的計畫，但也可以用在好的方面。好的人就擁有好的 *mezimmah*，而邪惡的人則擁有邪惡的 *mezimmah*。良善的人把它用在好的方面，而惡人使用它的時候，卻具有毀滅性、殘酷和狡詐，可能會傷害非常多人，甚至導致殺戮。我們所講的「審慎籌算」是指好的一面。

就像分別善惡樹一樣，我有一些兒女說愛我，也是我的門徒，卻濫用 *mezimmah* 的恩賜。

如果正確地使用，審慎的判斷力會保護敬虔的人，好像在

他們四周圍上保護的圍籬一般，可以幫助他們分辨是非善惡。

要向我求審慎籌畫的能力。它將成為你靈魂的屏障，幫你脫離惡人的計謀。惡人可能會傷害你，使你痛苦、不幸，但這恩賜將救你脫離這些危難。

如果你想要行出神的旨意，並真正謙卑下來禱告祈求，好的籌畫力就能救你脫離那些不潔的惡人之手。它使你有逃脫的智慧，會輕輕地在你耳邊對你說：「逃命吧！」

我要救你脫離那些惡者，他們開口盡是邪惡與墮落。他們脫離正路、遠離真理與本分、並行在黑暗之中。這黑暗將人的靈魂引進痛苦、盲目、虛假、暗昧之中。靈裡的黑暗就是這樣，而跟隨黑暗之子的就會被帶進這黑暗之中。希伯來文中的黑暗choshek指的就是這些。

在黑暗中行走的人喜歡做惡事，他們也喜歡看到別人墮落、行邪惡之事。惡人總是會吸引更多的惡人，但屬神的籌畫力將救你脫離他們的計謀。

第 *14* 天
要提防沒有活在聖潔盟約中的女子

「智慧要救你脫離淫婦，就是那油嘴滑舌的外女。她離棄幼年的配偶，忘了神的盟約。她的家陷入死地；她的路偏向陰間。凡到她那裡去的，不得轉回，也得

不著生命的路。」（箴言二章16～19節）

智慧和謹慎可以使你遠離那些「外女」（譯註：strange woman，第16節也譯爲「淫婦」）的誘惑。「外女」（zuwr）這個字在希伯來文中，有「摧毀、轉身就走、奇怪、淫亂、分裂和其他女人」等意思。

婚外情常是很誘人的，似乎可以滿足靈魂中的某一種空虛，但它會使靈魂離開公義的正路，最終必叫靈魂毀滅或留下傷痕。

所謂的「外女」不是自己家中的人，而是外面的人，她們雖然與別人的丈夫共享短暫、看似快樂的時光，但她們的靈裡從未得到眞正的滿足，也不曾眞正的快樂，因爲她同時在毀滅及傷害自己和外遇男子的靈魂。而因著男人的不忠和這一份婚外的關係，男人的妻子和孩子也都會受到傷害，男人的罪爲自己帶來咒詛，也影響自己的家庭。

這段經文中所講到的外女，指的不是那些阻街女郎或是娼妓，不是在街上兜售快速男女關係的人。

在箴言中，神說的是那些從小就學習神話語的女子，她們曾活在與神盟約的關係中。在舊約時代，是那些端正的猶太女子；而在教會中，她們過去也是好基督徒，每週日固定上教會、上主日學。

然而很可悲地，她不再按所學的去行，她離棄了神的話語，由於神的話對她來說已經變得陌生（strange），所以她就

變成「外女」（strange woman）了。

　　她的家原本應是救濟弱者的庇蔭處所，現在卻成了與男人苟合的致命陷阱。這些男人的生命從此將永遠改變，他們的生活、事工、家庭、名譽和心中的平安，也一起被徹底摧毀。

　　就算後來他離開那個女人，他生命的見證仍然會受到嚴重的破壞。他也無法抬頭挺胸自信地活著，因為生命中相互信任的關係已全然破滅。

第 *15* 天

凡活在盟約關係中的，必受保護並且蒙福

「智慧必使你行善人的道，守義人的路。正直人必在世上居住；完全人必在地上存留。惟有惡人必然剪除；奸詐的，必然拔出。」（箴言二章20～22節）

　　行走公義之路的都要蒙福，神看到那些遵行神聖律法的人就露出微笑。

　　神賜給正直公義者的應許，是一種令人安心的保障，就是應許這些人將要承受地土。他們可以放心，自己的努力一定不會白費，他所做的都會長長久久。他將在自己的土地上得以持守，並將產業傳給子子孫孫。

為什麼有許多人必須遠離家鄉？是不是因為這些人離棄了公義與聖潔之道，而神不再對他們露出微笑？他們是不是離棄了那位很久以前賜給他先祖土地產業的神？

神的應許在這裡講得非常清楚：「正直人必在世上居住。」這裡指的不是住個幾天或是幾年，而是安居於此，在這土地上扎根並結實纍纍。

這是神賜給祂百姓以色列的應許（參考耶利米書廿四章6節，卅二章41節；阿摩司書九章14～15節）。

我說「完全人」必在地上存留，意思是說不論有什麼樣的災禍降臨在土地或是這些人的身上，他們還是會留在那裡。

但惡者卻不能得到這樣的保障應許。我曾警告人，若不行正路，不論是哪一國人，都會從地上被剷除，就算是神所賜的土地，也不容他們立足。

當審判到來的時候，基督徒不會因為自己是基督徒就得以倖免，以色列的猶太人也是一樣，不會因為他們是猶太人就可以逃過審判。

不論是基督徒或是猶太人，惟有過聖潔的生活、品格公義，才能在審判中存留。箴言說：「正直人必在世上居住；完全人必在地上存留。」其中的「完全」就是沒有瑕疵的意思。

時候就要到了，惡者要從地上被剷除，罪惡過犯也都要連根拔起。就算這些人是住在先祖留下的土地上也是一樣。因為他們的罪玷污了那地，所以我當初與他們先祖所立的約就失效了。

要留意選擇你的居住之處，有很多地方已經被劃出設立爲審判之地。

第 16 天

以憐憫和恩典為裝飾

讀經：箴言三章1～4節

> 「不可使慈愛、誠實離開你，要繫在你頸項上，刻在你心版上。這樣，你必在神和世人眼前蒙恩寵，有聰明。」（箴言三章3～4節）

神盼望祂的兒女們都能夠擁有慈愛和誠實這些珍貴的特質，祂是慈愛的父親，真實的神，我們既是祂的兒女，就該像祂的樣式。

耶穌可以說自己是誠實的，因爲祂按箴言中的真理而活，祂的生命和言行毫無瑕疵。祂說自己是世界的光（參考約翰福音八章12節，九章5節），也說過我們是世界的光（參考馬太福音五章14節）。意思就是，祂希望我們能像祂。倘若我們不可能做到，祂不會如此說。

耶穌滿有慈愛，祂對世人充滿仁慈。

神在這段箴言裡說：「不可使慈愛、誠實離開你，要繫在

你頸項上，刻在你心版上。」

當你忙碌、疲憊或擔憂的時候，很容易就會失去慈愛之心。或是當你不舒服的時候，很容易就會失去親切和體諒，但你要留意，不要因此而失去了好行為。

眞實和誠實是另外兩項重要的品格，這兩者其實是彼此相關、密不可分的。

有時候我們會把事情的眞相稍加誇大，讓事情符合我們想要的樣子，但其實我們並沒有眞正做對的事。

誠實則是不論付上任何代價都要正直，就算自己在財物或是聲望上會受損也要說眞話。很多人都是因為覺得要付出的代價太大，所以就放棄了誠實。

但事實上，不誠實要付出的代價更大，為了誠實所付出的代價是一時的，但不誠實要付出的代價卻會帶到永生。你必須考慮清楚！

要把慈愛和誠實都繫在你的頸上，將它們刻在心版上，這樣你就會擁有一顆慈愛誠實的心。

你若是如此行，就會發現恩惠、良善、慈悲和仁愛都成了你性格中的一部分。你在今生和永世裡都要穿戴這些品格，且在神和人的眼前蒙恩、有聰明。就像童年的耶穌漸漸長大，神和眾人喜愛祂的心也一同增長，你也要在神和人的眼前蒙恩（參考路加福音二章52節）。

第 *17* 天

仰賴耶和華

「你要專心仰賴耶和華，不可倚靠自己的聰明。」
（箴言三章5節）

你有多少次這樣的經驗？你全心相信某人，最後他們卻辜負了你，甚至更慘的是有人還反咬你一口。親愛的，你可能經歷過很多次了，因此覺得根本就沒有可以相信的人，甚至連最親近的人也是一樣。

你不能完全相信人的原因，就是因為他也不過是人類，他的裡面存在著屬世敗壞的本質。

就因為人的本質是善變的，所以不難想像，國與國之間的情勢也顯得很善變了。你應該見過自己的國家，把曾經忠誠的友邦看作敵人，或甚至把友邦出賣給它的敵人。

以色列也是這樣，她與拜假神的結夥，為了巴力、亞斯她錄、摩洛和許多外邦的神祇而背棄我。

但我不是善變的人類，也不是難以取悅、挑剔的神，我昨日、今日到永遠都不改變（參考希伯來書十三章8節）。耶和華是永不改變的（參考瑪拉基書三章6節），我永遠都一樣，會作你永遠的朋友。當你厭倦了流浪，想要回到我身邊時，我

仍然在此等候，而且我會像歡迎浪子回家的父親一樣，張開雙臂來接納你。即使現在也是這樣，我將以饒恕的吻迎接你。

這就是為什麼你可以全心仰賴我，你可以向我傾心吐意，相信我絕對不會告訴別人，也不會散布你的祕密。向我傾訴祕密是最安全的，我是所有罪人最可靠穩妥的朋友，我會是你一生最好的朋友。

你甚至連自己都沒辦法相信，你自己的心都可能會背叛你。「不可倚靠自己的聰明。」（箴言三章5節）你自己對情境的解讀和理解是有限的，你對過去和未來一無所知，所以不要太快下判斷或是給建議。你只聽到別人想讓你聽到的事，而你的心只接受自己願意相信的事。如果你對某個人或是某件事沒有全面的了解，又怎能對事情有正確的洞見呢？所以不要倚靠自己的聰明，倚靠就是一種信賴。

在古代，王在公眾場合出現的時候，通常都會由一個他所信賴的人攙扶著走出來，這個人是他可以盡情傾吐的，這人也會靠近國王，將各路消息傳到王的耳中（參考列王紀下五章18節，七章2、17節）。

這樣的人可能對王有很大的幫助，但同時也可能是很危險的。當初以色列倚靠埃及，結果就差點落入滅國的命運（參考列王紀下十八章21節）。我透過以色列的敵人亞述王來警告以色列人：「看哪，你所倚靠的埃及是那壓傷的葦杖；人若靠這杖，就必刺透他的手。埃及王法老向一切倚靠他的人也是這樣。」（列王紀下十八章21節）

但他們卻不留心聽這智慧的建言，他們投靠仇敵而不倚靠我，今日的列國也是如此，他們將被所倚靠的壓傷刺透。

不要倚靠任何國家，他們就像是地上的塵土一般（參考以賽亞書四十章15節），是由塵土般的人所組成的（參考創世記二章7節）。

要相信並倚靠我。

雅歌中的新婦從曠野出來，倚靠著她良人的臂膀（參考雅歌八章5節）。因為她倚靠自己的聰明，所以進入了憂傷之地的曠野沙漠中，而我要進到曠野中去尋找她，把她帶出曠野，她現在可以倚靠我了。

如今我也要這樣領你出來。

第 *18* 天

在一切所行的事上尋求我的旨意

「在你一切所行的事上都要認定祂，祂必指引你的路。」（箴言三章6節）

不論是你生命中的事，或是你負責關照的人生命中的事，你都要尋求我的帶領。

若沒有尋求我的心意，絕對不要作出生命中重大的決定，尤其是現在，那日子已經近了，你已經沒有時間可以浪費

了。不要浪費生命去做一些別人想要你做的事，我的孩子們有時候是被利用，去幫別人建立他們的王國，但願這說的不是你，你也絕不可利用別人去建造你自己的王國！在你一切所行的事上都要得到我的同意，這樣你出與入都必然亨通。

不只是在你作決定和計畫之前應明白我的心意，你的生命也要活出美好的見證，讓世人看到你和我之間有一份親密的關係。

認定我的意思，就是因著你如此親密地認識我，以至於能夠在一切言行上，跟隨聖靈的帶領。

如果你在一切的事上都尋求我，我不但會引領你前面的道路，也會為你推平、鋪直前面的路，你人生的路上就不會有驚險的大彎道或是大水坑。

你一生要走的路很多，你心中所存的愛能幫你完成偉大的事。在困難的事上，你將得以承受艱難的挑戰，因為我必幫助你。

或許有很多次，你以為自己的人生來到了轉彎的岔口，你對未來感到不確定、沒有安全感，但是當你禱告後睜開雙眼時，卻忽然發現前面的路已經被修直了！真是美好的經驗！

不要被他人的眼光，或是他們強加在你身上的壓力所影響。如果你沒有我的吩咐就往前衝，這樣對你和聽從你的人都是不好的。你要克制自己和自己的行動，當你確定是我的心意時再採取行動，這樣才會凡事亨通。

第19天

不要以為自己什麼都知道

「不要自以為有智慧；要敬畏耶和華，遠離惡事。這便醫治你的肚臍，滋潤你的百骨。」（箴言三章7～8節）

　　沒有什麼比自以為是的人更可憎的了，這種人覺得自己比其他人都高明，當他們和同儕說話的時候，總是用一種高高在上的態度，而他們嘲笑的對象，常感到憤怒和難堪。

　　我們小時候稱這種人為「自以為是的人」（smart aleck），這種人總是想辦法讓同事或是同儕覺得自己比較差，他老是糾正你、制止你、向老師打你的小報告，而且一直指揮你做事。他們只在有需要或對自己有益的情況下，才會對你「友善」一點。

　　如果有人小時候就是這個樣子，那麼他們長大也一樣，永遠覺得自己「什麼都知道」，全世界沒人比他更聰明，不像他們那麼能幹，也沒辦法把事情做得像他們那麼好。他們常常會糾正別人，或是把別人做好的東西全部重做，因為他們一心覺得只有自己最棒，世界上不可能有人會像他們一樣，能想出更好的辦法。

　　當他們說話的時候，在你講完話之後，他們一定要再說一

個「更好」的笑話或是故事作結尾。

當你分享從神話語中得到的真理或是啟示，他會指正你或是對你講一篇道。只有他們才是「最優秀的」，至少他們心裡是這麼認為的。

他們完全不願意受教，因為他們相信比起別人，自己已經知道得更多更好了。

對於搞不清楚情況、不疑有他的鄰居，他們會玩一些小把戲，誇大吹噓自己的「成就」和學歷，還有自己如何比同伴優秀。

但如果他們真有智慧的話，就應該要改變這些惱人的作法。因為這些舉止只會引人反感，並且使別人在他面前不自在、覺得自己好像矮了一截。

絕對不要學這種人的樣子，如果你保持謙卑、受教，這對你的靈魂是有幫助的。凡我差去服事你的，你都可以受教得到幫助，謙卑的靈就像臍帶一樣，在子宮裡可以將母體的營養傳輸給胎兒。當養分進入了成長中的小小身體，它的骨頭、血管和身體各部位，都會漸漸長大成型，當胎兒完全成型之後，這養分也會給予力量、讓胎兒長肉，這樣初生的嬰兒才會完美而健康。

「不要自以為有智慧……滋潤你的百骨。」骨髓在身體的功能扮演了很重要的角色，它能生產紅血球、白血球和血小板，是血液的起源處，但是它卻藏在我們的骨頭中。如果只看它是骨頭中的一種柔軟物質，沒有人會想到它其實是「生命的

賦予者」。今日醫生也是利用骨髓移植，來救治白血病的患者。

這段經文提到敬畏神的智慧是你「骨中的骨髓」、生命的根源。但是自以為有智慧的人，不覺得自己需要從神而來的智慧。那些不自以為聰明、謙卑來到智者腳前就教、喜愛領受神話語教導的人有福了。

第 20 天

為主奉獻是豐盛蒙福的關鍵

「你要以財物和一切初熟的土產尊榮耶和華。這樣，你的倉房必充滿有餘；你的酒醡有新酒盈溢。」（箴言三章9～10節）

這是蒙福、豐盛和成功的法則，當你把自己的東西奉獻給神或是與人分享，就等於是讓我放手去祝福你，使你得的更豐盛。

向我獻祭是敬拜我的另一種方式，當你獻上財物就是尊榮我。「尊榮」（honour）這個詞在希伯來文中是kabad，它其實和「榮耀」（glory）是同一個字。所以換句話說，當你向我獻祭時，就是在榮耀我，這同時為你自己開了一扇門，讓我能夠也反過來使你得榮耀、被尊榮。

箴言中說到兩種尊榮我的方式：一個是從你固定的收入中，另一個則是初熟的土產。所謂初熟的土產，它不僅限於農地中第一捆成熟的作物，它可以指你最重要的一段時間。在聖徒中初熟的果子，指的就是那些比其他人都先長大、成熟並能生產果子的人。

頭生的孩子開啓了孕育祝福的子宮。我告訴以色列人，人和牲畜的頭生都是屬我的，由於我訂定了這項奉獻的法則，當他們對我一獻上頭生的時候，這榮耀我的舉動，將使他們自己得榮耀、被尊榮。而在此尊貴榮耀中，我將供應他們一切所需，甚至超過所求的。

「初熟的」這個詞在希伯來文中就是reshiyth，它是希伯來文聖經中出現在創世記一章1節的第一個字；換句話說，神話語的第一個字就是reshiyth。

神的頭一個行動就是創造世界和其中的一切。

當我們獻上自己最初、頭一項的成果，這就和神在最起初時所做的一樣。我們就跟隨了祂的榜樣，遵行了祂得豐盛、尊榮和榮耀的法則，神依此應許我們：「你的倉房必充滿有餘；你的酒醡有新酒盈溢。」

神不但會在物質上祝福我們，我們也會在神的話語上豐盛有餘，喜樂的酒也會充足滿溢。

第 *21* 天

不要怨恨神的管教

「我兒，你不可輕看耶和華的管教（或譯：懲治），也不可厭煩祂的責備；因為耶和華所愛的，祂必責備，正如父親責備所喜愛的兒子。」（箴言三章11～12節）

做錯事的時候，相信大家都討厭被屬世的長官指正或處罰。但是我糾正你的時候，你可不要這樣。

我是因為愛你，而且知道什麼才是真的對你好，所以才指正你。當我責備你，是在愛中責備，好叫你願意接受我的糾正與責備，並願意謙卑地改變。

如果你不接受我的責備，那是因為該隱的靈在你裡面，而「罪就伏在門前」了。我告訴過該隱，如果他做得對，我會悅納他和他所獻的祭物，但是他心中充滿怒氣與憤恨，無法接受我的責備。他的情況變本加厲，最後成了殺人兇手！

拒絕我的指正是很危險的，我是你們最後的希望，如果你不願意聽從或接受我的糾正，再也沒有別人可以幫你了。沒有人能像我一樣愛你，也沒有人可以像我一樣導正你、幫助你。

我管教你的時候要感恩，因為我正在你身上動美好的

41

工。不要嫌惡地不理會我的指正。如果不理睬，是因為有憎惡的靈在你裡面，你不喜愛公義美好的事物，不明白糾正和心痛都是出於我的愛。不要厭煩我的管教，不要逃離我的指正。

因為對我所愛的，我會花時間去糾正、管教和懲罰，就像一位慈愛的父親，會管教他所愛的孩子一樣。

他會懇求孩子，會苦口婆心地跟他講道理。當以色列百姓遠離我的時候，我透過先知向他們呼喚：「你們來，我們彼此辯論。」（以賽亞書一章18節）我尋到他們，並在天堂法庭中與他們辯論。

只有非常愛你的父母，才會花時間向你解釋責備你的原因。正因為我喜悅你，也因你而喜悅，所以會對你這樣花費心思。你不是私生子，你是屬我的，就像耶穌屬我一樣。我容許祂受苦，然後以榮耀作為獎賞。對你也是如此。

所以只要以感恩接受指正，你就會得到我的喜愛與恩寵。

第22天

聰明智慧帶來快樂和蒙福

「得智慧，得聰明的，這人便為有福。」（箴言三章13節）

快樂，惟有透過敬虔的生活才能得到真正的快樂。我的百

姓們一直在尋找快樂，這就是為什麼我在加利利海邊的山上，所講的第一篇道主題就是「快樂」（論福）。快樂的希伯來文是esher，它同時也意味著「蒙福」，所以有些聖經版本會把它翻譯成「有福」（參考馬太福音五章1～12節）。

　　真正的快樂是因為能得到神的祝福，因此，惟有我祝福你，你才會得到真快樂。雖然我常常為百姓們的罪而感到憂傷，但我是快樂的，因為我快樂的泉源是來自我父對我靈的祝福。當我的靈被祝福，我的心就快樂。這樣的快樂不受外在環境所左右，是從內在發出來的。當我住在你裡面的時候，就要將我的喜樂賜給你。

　　箴言的作者說尋得智慧（chokmah）的人就有「快樂」（有福），chokmah這個字在希伯來文裡指的不只是行事有智慧，它還包含擁有各樣的技能、知識、恩賜、謀略、交際手腕、智能，甚至是做刺繡等的手工能力。因為當你憑雙手來創造美麗的事物時，就是完成了一件能為你自己和他人帶來快樂與祝福的東西。

　　藝術家、作家、作曲家、建築設計師、建築營造者、農夫、科學家，甚至是一名好的廚師或是烘焙師，都能從自己所的成就中得到莫大的喜樂，因為他們所做的將帶給大家喜樂。要常常為我賜給你的才華感恩，要珍惜、肯定、讚賞它，你寫的書、講的道或是你創作的歌曲，將大大的祝福眾人，並改變他們的生命。

　　「得聰明的，這人便為有福」，這裡所講的「聰明」在希

伯來文就是*tabuwn*，它是「判斷力、技巧、理解力、洞見和深謀遠慮」的意思。

這是法官、外交官、諮商人員、牧師和母親們所需要的能力。這種恩賜會幫助他們去衡量思考，並且明白每一件事都有一體兩面，也幫助你以公平正義的角度去省察事情。

世人需要公平審慎的領袖，求神賜給你明辨的能力和恩膏，好幫助眾人。

第 *23* 天

神賜的才華比金銀還寶貴

「因為得智慧勝過得銀子，其利益強如精金，比珍珠（或譯：紅寶石）寶貴；你一切所喜愛的，都不足與比較。」（箴言三章14～15節）

父神所賜給你的恩賜和技能是你今生最大的祝福。

我的意思是說：「得智慧勝過得銀子，其利益強如精金。」換句話說，智慧和技能所帶來的好處，強過金銀寶石。

銀子當然是很寶貴的，但是生來擁有一些恩賜和才華，比出身富貴之家更為寶貴。

天賦是無法用錢買來的，如果你五音不全，就算花了全世界的銀子，也買不到唱歌的天分。你當然可以買唱片專輯或是

去聽音樂會，但是音樂會的門票沒辦法把你變成一名歌手、鋼琴家或音樂家。這就是爲什麼神所賜的天賦是無價的，你要好好珍惜。

恩賜不只比金銀更有助益，它爲人帶來的成果更是極其寶貴。爲了要幫助你了解智慧的恩賜是何等重要（其中包括了你與生俱來的恩賜、才華和技能），箴言的作者還加上一句「智慧比紅寶石寶貴」。這美麗的寶石可以爲主人增添無比的光彩與風采，但是連紅寶石都比不上智慧的寶貴。

事實上，你心中所渴望的眾多事物（想必很多吧），都比不上你握在手中的恩賜寶貴。

這就是爲什麼你應該要與世人分享這份恩賜。

如果大衛沒有分享他寫的詩篇，所羅門沒有寫箴言，聖經史學家沒有分享他們所研究的史事，先知沒有分享自己的洞見，就不會有聖經，世界也將陷入屬靈的黑暗。

「得智慧勝似得金子；選聰明強如選銀子。」（箴言十六章16節）

在這個貪婪的世代，人們恐怕很難想像，世界上還有什麼會比金銀錢財更寶貴。甚至連基督徒的生活，都沒有選擇正確的優先順序，他們貪圖今生短暫的，只爲了滿足肉體和私慾，卻忽略了永恆的祝福。求神幫助我們更有智慧！

第 *24* 天

智者有長壽

「他右手有長壽，左手有富貴。他的道是安樂；他的
路全是平安。他與持守的作生命樹；持定他的，俱各
有福。」（箴言三章16～18節）

智慧及其帶來的美德是很寶貴的，就像先前我們說過
的，它比金銀紅寶石還要珍貴，遠比你心中一切所渴慕的都寶
貴！

現在要談到為什麼智慧如此的寶貴：

一、他右手有長壽

長壽是一件來自天父非常特別的禮物，它通常是一種榮耀
的象徵。如果你活出高尚榮耀的生命，就會得到這份生命的禮
物。天父就曾應許，孝敬父母的人在世將享有長壽。

智慧的人生其根源來自於神，因此將展現出屬神的性格
和美德，其中一項神的特質就是永恆不變，因此耶穌才會說：
「凡活著信我的人必永遠不死。」（約翰福音十一章26節）所
以擁有真神特質的人將永遠存活。

活出聖潔生命的人，不會讓罪或是不良習慣破壞自己的身

體，所以他的身體也比較健康。反之，活在罪中的人會為自己帶來咒詛，他的身體會被疾病摧毀，他的心緒也會受到罪惡感的折磨。

當罪惡感帶來控告，就會影響我們的心。我們的心無法承受控告，罪惡感和控告縮短了壽命，罪惡感的重擔會將心壓垮。但是敬畏神的智慧人（敬畏耶和華是智慧的開端），將會活出榮耀神的生命，他也要因此得到好的獎賞——其中之一就是長壽。

二、左手有富貴

除了得到長壽這份禮物，智慧也會帶來富貴。

謀略與技能會帶來財富，這些恩賜會幫助人登上高峰成就大事。因此箴言說：「人的禮物（譯註：原文為gift，意為神賜與的才能）為他開路，引他到高位的人面前。」（箴言十八章16節）

如果你擁有像巴哈、韓德爾、達文西或是米開朗基羅那樣的偉大才能，就會受到後世的推崇與尊榮。但是這些人當時並不曉得自己擁有的才華有多偉大，而那個時代的人也不知道。你也是一樣，你還不明白，神的偉大奇妙其實就住在你裡面！

「他的道是安樂；他的路全是平安。」（箴言三章17節）

「安樂」（pleasant）一詞在希伯來文中是noam，它是

「愉快、愉悅、宜人、光彩、優美」之義。

擁有真神智慧的人，他們的道路（也就是生命）將充滿了愉快、喜樂和平安，其中包含了愉悅、美好、光彩和優美，所以作者稱它為「安樂」。

有智慧的人具有洞見，也沉著鎮定，他能夠以優雅的方式處理棘手的情況。神的祝福在他身上，也會散布到他周遭的人身上，所以大家都喜歡接近他。他不只是偶爾表現出愉悅的樣子，而是隨時隨處會從他身上散發出愉悅的氣息。

在登山寶訓中我曾說過：「使人和睦的人有福了！因為他們必稱為神的兒子。」（馬太福音五章9節）

在這段箴言中所說的「智慧」很特別，這種智慧是來自於我們全知全能的天父。你若是祂的孩子，按祂的形像造的，並且擁有祂兒子一般的心智，那麼身為兒子，你就可以得到祂的智慧，因為你已經「穿上了新人。這新人在知識上漸漸更新，正如造他主的形像」（歌羅西書三章10節）。

祂是和平之子，我們可以確信，祂將在我們心中賜下永恆的平安。不論發生什麼事，就算我們必須經歷試煉與苦難，祂仍會賜給我們永恆的平安。我們是天父的孩子，祂的名字就是平安，現在就接受這份平安到你的心中。耶和華沙龍，平安！

「他與持守他的作生命樹；持定他的，俱各有福。」

（箴言三章18節）

因為人類的墮落你曾失去了智慧這份禮物，但你將從天父那兒再次得回。

　　亞當夏娃犯罪之後被逐出伊甸園，免得他們在墮落中繼續吃生命樹的果子，永遠活在罪惡中。神的使者手持火焰的劍，把守在園子的入口（參考創世記三章22～24節）。

　　但因著我的代罪受死和復活，拿著火焰劍的使者已經撤走，而你現在可以自由地吃生命樹的果子了。我不是說過嗎？「我是從天上降下來生命的糧；人若吃這糧，就必永遠活著。我所要賜的糧就是我的肉，為世人之生命所賜的。」（約翰福音六章51節）

　　對於願意緊緊抓住我的人，我就是他們的生命樹，「抓住」的意思就是要「緊緊的連結」。也就是說，當你開放自己的心，尋求認識我──就是一切智慧的根源時，我們之間的連結就完全永遠地接上了。當你向我（你的主）敞開，你就緊緊的連於生命樹，得回了原先失去的。你從此再也不必害怕死亡，因為你已經得到了永恆的盼望：「復活在我，生命也在我。信我的人雖然死了，也必復活。」（約翰福音十一章25節）

　　我來就是要為你撤去那持劍看守的使者，並為你開路，使你能再次吃生命樹的果子。但是你必須要得勝，不要失去了對我起初的愛心，就像我曾對以弗所教會說的：「有一件事我要責備你，就是你把起初的愛心離棄了。」（啟示錄二章4節）

　　我對他們說要改變，並回歸到當初那愛我的樣子，我應許

他們：「得勝的，我必將神樂園中生命樹的果子賜給他吃。」
（啓示錄二章7節）

當你得勝之後，就已經開始吃生命樹的果子了，此時豐盛的祝福就會臨到你以及你身邊其他人的生命中。這永恆生命的果子（神的智慧）將爲你帶來永恆的喜樂，因爲「持定他的，俱各有福」。

第 25 天
我主完全掌權

「耶和華以智慧立地，以聰明定天，以知識使深淵裂開，使天空滴下甘露。」（箴言三章19～20節）

凡渴慕智慧並活出公義的人，我所賜給他們的是一種希伯來文叫做chokmah的智慧。當我創造世界設立諸天的時候，運用的就是這種智慧。

我創造世界的時候，設置了安全的根基，這根基將按我的旨意存到永遠。

設立諸天時，我按某種固定的形式設置了行星、太陽、月亮和星辰，使它們成爲歲月美麗的計時器。

決定每天時刻的並不是你的鐘，而是靠著天體的運行，這一切在造天地之初就已經設定了。

我在創造之前就已精心地設計規畫。所以同樣地，我連現在都在為將要發生的事件作準備，就像人類沒有辦法改變天體運行的軌道，我所預定好的事也是不能改變的。

如同我創造天地並掌管一切一樣，人類也是在我的掌管之下──包括你的生命。人所做的一切事，都是經過我允許才發生的。

我親愛的孩子，要知道，當你將自己當作活祭全然獻給我時，我就會規畫並在關乎你的一切事上運作，好叫你蒙福。

就如我所創造、你現在眼睛所看到的天地一樣，我也造了新天新地。它正在等候著你，甚至現在我都還在準備當中。

對於一切事件發生的影響和後果（以挪亞時代的邪惡黑暗為例），靠著我的洞見與智慧，我會決定大淵的泉源應何時或如何裂開，烏雲該降下小雨還是傾盆大雨。

人們的罪惡總是會帶來大水的災難。地下水或是蓄水庫的水都是用來供應人們用水的不時之需，但這些水有時候會變成咒詛而不是祝福。有些人犯罪「偏離了正確的軌道」，他們背棄我偏行己路。這時候我就會任這些水裂開洩出、被烏雲吸收，最後造成暴雨洪水或是暴風雪以懲罰這些人。

當列邦回轉歸向我時，我就讓萬物循序運行，真平安就會降臨。

第 26 天

審慎謀略使你在危難中得平安

「我兒，要謹守真智慧和謀略，不可使他離開你的眼
目。這樣，他必作你的生命，頸項的美飾。你就坦然
行路，不致碰腳。你躺下，必不懼怕；你躺臥，睡得
香甜。」（箴言三章21～24節）

你要留心，不要失去了為我做大事的夢想，不要輕看我所
賜給你的恩賜！好好珍惜我所賜給你的恩賜和才華，使用它、
分享出去，還要教導別人。

要抱持正確的判斷和分辨力，絕對不要只憑眼見或是聽別
人說的話就被動搖。在你裡面有我內住，就像我清楚你的心思
一樣，我也了解別人心中的思緒和動機。總要作好心理準備，
因為人都是會變的——變好或是變壞。他們可能由於別人對你
的偏見，而改變心意與你為敵；或者，他們發現自己錯怪你，
也發現別人與你為敵是個錯誤，於是反過來決定對你好。所以
不要輕易去認定一個人的好壞。

讓我的智慧與謀略來引導你，這會為你的魂注入生命
力，成為你靈裡的恩典，如此你將能夠抬頭挺胸、充滿自信！

你會一路平安，惟有無視於真理的人失去了判斷能力，才

會常常活在危險的處境中。這樣的人是很容易被人引入歧途，因為他們缺乏判斷的能力，所以總是被信任的人重重地打擊。

我的孩子，在這末日的時代，很多人都會被蒙蔽。欺哄的靈充斥全地，而敵基督更竭盡所能地欺哄神的選民。但你若跟隨我的智慧而活，即使行過險惡的幽谷，你一生的旅程也會得享平安。

你躺下也不會懼怕，因為你可以在叫人喪膽的危難中安歇，在我翅膀的蔭下安然入睡。就算陰間的怒吼向你包圍，而地也大震動，你仍要在美夢中安睡。

第 *27* 天

在寶血的保護下，
任何事都不能害你

「忽然來的驚恐，不要害怕；惡人遭毀滅，也不要恐懼。因為耶和華是你所倚靠的；祂必保守你的腳不陷入網羅。」（箴言三章25～26節）

看到我審判惡者的時候，你不要驚慌，因為審判的日子就要到來。邪惡的人將更顯邪惡，可恥的人會更為可恥，所以在末後的日子裡，很多人甚至是整個國家，都會變得像地獄一樣。就如我在詩篇九篇17節中所說的：「惡人，就是忘記神的

外邦人，都必歸到陰間。」（或參考提摩太後書三章13節）

　　你將會看到：「雖有千人仆倒在你旁邊，萬人仆倒在你右邊，這災卻不得臨近你。你惟親眼觀看，見惡人遭報。」（詩篇九十一篇7～8節）

　　不要焦慮！不要害怕！審判將會臨到！我已經向世人發出警語，審判已經開始！我憤怒的災禍已經傾倒而下，但你絕對不要驚慌！

　　撒但會設法讓你憂慮，但我既已應許要保護你，你還是感到憂慮，那你就陷在罪中了，因為那表示你不信任我的應許。

　　我是你信心的磐石，我住在你裡面，而且已經應許你，要保護你使你不致失腳或陷入網羅。我已經在你的四周圍上了保護的藩籬，就算有災禍和瘟疫臨到這地，也不能傷害你。

　　不要為現在或是將來擔憂，我的雙眼看顧著你和你腳前的路。就像在埃及逾越節的晚上，我不容許死亡的使者進入我兒女的家一樣，今天滅命的毀壞者，也不許沾惹凡有我寶血印記的人。

　　要記住我曾對摩西說過的：「因為耶和華要巡行擊殺埃及人，祂看見血在門楣上和左右的門框上，就必越過那門，不容滅命的進你們的房屋，擊殺你們。」（出埃及記十二章23節）我雖容許毀滅的懲罰臨到，但我必在審判的日子守護我的兒女。

　　我的寶血就是環繞在你四周的「圍籬」。請牢記，我的寶血膏在你的頭上並四圍環繞你，它就像以色列百姓門楣上羔羊

的血，使待在屋子裡的人都安全。只要你住在我裡面，你也會得到安穩。

第 *28* 天

成為好撒馬利亞人

「你手若有行善的力量，不可推辭，就當向那應得的人施行。你那裡若有現成的，不可對鄰舍說：去吧，明天再來，我必給你。你的鄰舍既在你附近安居，你不可設計害他。」（箴言三章27～29節）

當你行有餘力的時候，千萬不要拒絕幫助別人。拒絕有需要的人是一件錯誤且殘酷的事，尤其當對方是配得你仁慈以待，而你又有能力幫助他的時候。

很多人之所以會拒絕幫忙，是因為他們缺乏慈悲憐憫的心，或者他們根本就是自私又自我中心。這是不對的！我對我的百姓說過，當有人要求要你的外衣時，你就要送給他，甚至連裡衣都由他拿去。我甚至還說過，如果有人求你幫他背東西走一里路，你要主動幫他背著東西走兩里路。總要甘心樂意地盡你所能去付出和分享，當你沒有財物可以給人時，就付出你的時間或力量幫助有需要的人。

我不是說你應該幫助所有人，我只是說要幫助那些「當

得」幫助的人！因為有些人並不值得，他們不配得到幫助。又或者有另外一種人，其實我正在他們身上做工，我要先吸引他們的注意力，然後親自幫助他們。所以如果你在我動工之前就出手幫忙，那我就沒辦法在他們的生命中作成我的計畫。

當你的「鄰舍」來找你幫忙，不要跟他說：「你先回家，我想一想。」這樣會讓對方非常難堪。他單單開口請求幫助就已經覺得很丟臉了，你如果還拒絕或是推託其詞，這對他來說無非是極大的羞辱。

有時候你可能需要先禱告，倘若如此，你就告訴他實話。對於施與的事，確實應該尋求我的指引，但如果對方要的只是小東西，是你能力所及的，就不要讓他低聲下氣地求你。

絕不要虧待你身邊的人，你的鄰舍就是那些在你身邊的人，像是同社區的鄰居、辦公室的同事、教會的弟兄姊妹或是你的家人。

要讓你的鄰舍因為你的存在，而能夠安穩居住更有安全感。由於你在他們身邊，使他們心裡有一種踏實的感覺，因為他們知道，如果需要幫忙就可以向你呼救。

有些人宣稱是你的朋友，但在你有需要的時候卻避之惟恐不及，這些人有禍了。

好撒馬利亞人確實不多，但他們才是真的鄰舍。凡他們所接觸到的人，都會因為他們而蒙福，他們才是真正的好「鄰舍」（參考路加福音十章30～37節）。

第29天

避免爭執

「人未曾加害與你，不可無故與他相爭。」（箴言三章30節）

不要開啟爭端，總要避免與人爭辯。除非對方是真心想知道真相，否則沒有必要為自己的動機辯護、與人陷入辯論，或者一定要說服別人。不要為了爭辯而爭辯，也不要一心想證明自己才是對的（就算你知道自己真的是對的）。

爭辯和批評常導致口角，而口角會造成肢體的衝突，所有肢體的衝突都是由爭論開始的。「相爭」（strive）這個詞在希伯來文中是*riyb*，它有抓對方頭髮的意思。

管好你自己的事。如果對方也沒有傷害你，你大可不必過問他的事。在列王的故事中，有一次埃及王尼哥，出兵攻打一個靠近幼發拉底河的國家。約西亞王派兵去抵擋他，此時尼哥王就差遣使者去向約西亞王解釋，他並不想侵犯猶大國，但神下令要他速速拿下以色列以東的這個國家。他警告約西亞王，不要干涉或是擾亂神的計畫，否則神會滅了他。但是約西亞卻不聽他的警告，在米吉多平原與埃及王對戰時，他被箭射中受了重傷，最終喪命。這一切都是因為他管太多閒事，把別人的

事擔在自己的肩上了（參考歷代志下卅五章20～25節）。

約西亞其實是一個很好的國王，但是他犯了錯，而一個錯誤就足以致命！如果不留心，好人也會做出愚蠢的事。

約西亞王是在年老的時候，作出了這個錯誤的決定。所以年長者要特別小心，他們有時候就是太過自信了。心中的驕傲使他們覺得別人的經驗不如他們多，因而拒絕別人的指正。

第 *30* 天

不要貪圖惡者所擁有的，
他的產業是受咒詛的

「不可嫉妒強暴的人，也不可選擇他所行的路。因為，乖僻人為耶和華所憎惡；正直人為祂所親密。耶和華咒詛惡人的家庭，賜福與義人的居所。祂譏誚那好譏誚的人，賜恩給謙卑的人。智慧人必承受尊榮；愚昧人高升也成為羞辱。」（箴言三章31～35節）

絕不要羨慕那些作惡的人所擁有的，因為那些是受咒詛的；不要羨慕那些以暴力和不義對待人的，有些兇殘的人也許可以得意一陣子，但他所擁有的都是短暫的，所以不要與他為伍。

希特勒（Adolf Hitler）在早期的時候，欺騙很多德國人來

跟隨他，但是當大家發現他殘酷的真面目之後，有些誠實正直的人就決定要斷絕和他的關係。但是當他們作了這樣的決定之後，馬上生命就陷入危險。希特勒殺害了很多早期跟隨過他的人，其他有些人則幸運地逃走了。

一旦發現某些人毫無憐憫之心，要遠離這些殘酷之人，因為他們最後都會遭到嚴厲的懲罰，到時候你就會發現自己陷入尷尬或甚至危險的處境。

邪惡殘酷的人遠離公義的正道，是神所恨惡的，任何醜惡的行為在神眼中都是令人憎恨的。祂會遠離作惡的人，而另一方面，祂會親近義人，對他們的心微聲說話。

絕對不要與惡人為伍，也不要貪圖他所擁有的，因為神降咒詛在他一切的產業上。

這就是為什麼亞伯拉罕對於所多瑪王要給他的財物一絲一毫都不取，因為他知道所多瑪是充滿罪惡、神所憎惡的，那些財物都是受咒詛的。所以就算是所多瑪的一根鞋帶，他也不要（參考創世記十四章23節）。

即使是小東西，都可能會為擁有者帶來咒詛。

你不需要接受那些受咒詛之人的禮物，因為神的祝福已臨到你家，祂確實要祝福公義良善的人和他們的居所（不論是多麼地簡陋不堪）。

惡者最終必要受審判，因為神必要譏誚那些譏誚人的。如果那些譏誚人的真知道自己將來要面對的是什麼，他們一定會恐懼戰兢，因為他們的結局是很駭人的。

　　但神賜恩給謙卑的人，雖然他們在自己的眼中非常微小，但他們的未來極為美好，因為他們必承受神的榮耀。

　　而惡者將承受極大的羞辱，就像哈曼一樣。他自以為可以得到無比的尊榮，但最後卻上了自己為末底改所造的絞刑台（參考以斯帖記六章6節，七章10節）。

第 *31* 天

神若讓你選擇所要的，
求祂賜你聰明的心

「眾子啊，要聽父親的教訓，留心得知聰明。因我所給你們的是好教訓；不可離棄我的法則。我在父親面前為孝子，在母親眼中為獨一的嬌兒。父親教訓我說：你心要存記我的言語，遵守我的命令，便得存活。要得智慧，要得聰明，不可忘記，也不可偏離我口中的言語。不可離棄智慧，智慧就護衛你；要愛他，他就保守你。智慧為首；所以，要得智慧。在你一切所得之內必得聰明。」（箴言四章1～7節）

　　神就像一位慈愛的父親，總是引導著祂的孩子，要留意傾聽祂智慧的勸誡。祂的法則（指教）對人心多有益處，祂警告我們不可離棄祂的法則。

祂啟示箴言的作者透過個人的經驗，講到他年幼的時候，父母會教導他公義與真理的道路。

　　作者憶起母親非常愛他，自己是母親的獨生子。如果作者是我們所推斷的所羅門，那麼他的母親就是拔示巴。我們知道她一定非常愛這個孩子，因為她犯淫亂罪所懷的第一個孩子，已經被神取去了，所羅門是神後來賜給她的孩子。神是慈愛的父，祂挪去我們生命中錯誤的，然後把對我們較好的賜給我們，這將為我們帶來更大的喜樂和滿足。

　　「父親教訓我說……」，所羅門記得他的父親大衛如何教導他神的誡律，我們在這裡看到大衛美好的靈性。他是一位良善慈愛的父親，他雖然是以色列王，生活也很忙碌，但是在這麼忙碌的生活中，仍然花時間教導他的孩子。

　　今日有許多父親忙於自己的事業，未能把時間分給孩子。有些父親甚至不照顧也不負擔孩子的需要，我們這個世代充斥著在外遊蕩的父親。

　　大衛教導他的孩子所羅門：「你心要存記我的言語。」按今天的說法就是：「我所告訴你的，你都要記住。」要得智慧（從神而來的智慧），不可忘記我對你說的話，不要離棄智慧的言語，因為它護衛你（成為你四周的安全圍籬）。

　　凡喜愛渴慕屬神智慧的必蒙護衛，因為神的智慧就像警衛一樣，是你靈魂的崗哨。

　　大衛王教導所羅門，智慧是首要、最重要的事，所以要向神求智慧和聰明的心。就因著這樣的教訓，之後神給所羅門特

權選擇所要的事物時，所羅門在財富、長壽、爭戰勝利等好處之間，選了智慧與聰明的心，而神也因此大大地喜悅（參考列王紀上三章5～15節）。

永遠要尋求智慧的心，它可以回答你生命中諸多的問題，也可以免去無盡的心痛。

第32天
父母的身教重於言教

「高舉智慧，他就使你高升；懷抱智慧，他就使你尊榮。他必將華冠加在你頭上，把榮冕交給你。我兒，你要聽受我的言語，就必延年益壽。我已指教你走智慧的道，引導你行正直的路。你行走，腳步必不致狹窄；你奔跑，也不致跌倒。要持定訓誨，不可放鬆；必當謹守，因為他是你的生命。」（箴言四章8～13節）

對於神賜智慧為禮物，我們要感恩也要彼此鼓勵。國家若不將神的話語教導給後代，就永遠不會得到神的祝福，也不會昌盛強大。有些國家本來很強盛，卻停止教導下一代神的話語，他們很快就會衰敗了。

但願你能夠明白，惟有在聖經裡才能找到真知識，只有在

神面前才有真智慧。因為惟有神才是智慧的源頭，而且惟有當人尊崇神之後，神才會提升此人或是國家。如果你尊榮神，神就賜給你尊榮。

神會賜你恩典與榮耀的冠冕，在你有需要的時候可以釋放保護你。

我要再次提醒讀者，兒女若留心聆聽父親的話語，他在世的日子就會長久。

如果作父親的真心確定自己已經教導孩子智慧之道，並透過自身的身教引導孩子走在正路上，那麼他就能確信孩子已經走上永生之路，奔跑時，也不會有絆腳石使他跌腳。很多父母因著自己的壞榜樣，而在孩子的人生道路上放下許多絆腳石。

父母的口頭勸誡永遠不及自身示範聖潔生活的榜樣。作者勸誡他的孩子：要持定訓誨。抓住真理不要放手，因為這些話語中帶有完全的生命。

第 *33* 天

神的話語中有生命與醫治

「不可行惡人的路；不要走壞人的道。要躲避，不可
經過；要轉身而去。這等人若不行惡，不得睡覺；
不使人跌倒，睡臥不安；因為他們以奸惡吃餅，以強
暴喝酒。但義人的路好像黎明的光，愈照愈明，直到

日午。惡人的道好像幽暗，自己不知因什麼跌倒。我兒，要留心聽我的言詞，側耳聽我的話語，都不可離你的眼目，要存記在你心中。因為得著它的，就得了生命，又得了醫全體的良藥。你要保守你心，勝過保守一切，因為一生的果效是由心發出。你要除掉邪僻的口，棄絕乖謬的嘴。你的眼目要向前正看；你的眼睛當向前直觀。」（箴言四章14～25節）

避開惡人的道是有可能辦到的。我們不一定要跟從惡人的路。要遠離那種生活很簡單，最好的方法就是不靠近罪，有些地方顯然是魔鬼常常流連的地方，你不要靠近那裡。以下是一段古老的天主教祈禱詞：

「我的主，我真心感到懊悔，我得罪了祢，我厭惡自己所犯的罪，不單因為祢公義的懲罰，更因為我的行為得罪了祢。我的主，祢全然美好，配得我所有的愛慕。我下定決心，靠著祢的恩典，我不再犯罪，並遠離各種罪惡的場所。」

這個禱告最美的地方就在「遠離各種罪惡的場所」，任何人或者事物，只要是可能對我們構成試探誘惑的，我們務必要遠離。

一心引誘你犯罪的魔鬼是不休假的，魔鬼的同黨也是如此。撒但派牠們來敗壞人、使人的靈魂墮落，牠們不達目的絕不停手。

惡者的一生都圍繞在罪惡的思想言行上，因為他們所吃喝

的，都是用黑暗暴力的手段得來的。

如果你必須靠犯罪去得到食物，那麼這食物終會在你的肚腹中成為咒詛。

惡者的道路是黑暗的，那是一種極深的黑暗。在罪惡的人事物聚集的地方，光明之子一靠近就會覺得不舒服。

但公義的道路就完全不同了，這條路上明光照耀，當人愈靠近見主面、進入永生的時候，那光愈明亮。因為他進入的是神的住所，而祂就是光，從天上而來的光。

然而惡者的道路卻是從黑暗進入更深的黑暗，直到萬劫不復的地步。

這段箴言對留心領受並遵行的人來說，好像一帖良藥，因為它是「醫全體的良藥」。

自從聖經被趕出美國校園之後，美國的瘟疫和疾病就愈來愈猖狂，而青少年吸毒、酗酒、暴力和脫序的行為，也使他們一步步走上自我毀滅的道路。

透過神的話語，生命才得以湧流來到世間。所以，要將神的話語存記在心中，並將這話傳給子子孫孫。

第 *34* 天

保持平衡勿三心二意

「你的眼目要向前正看；你的眼睛當向前直觀。要修
平你腳下的路，堅定你一切的道。不可偏向左右；要
使你的腳離開邪惡。」（箴言四章25～27節）

一、箴言的第四章以警語作結束，警告人不可辱罵、褻瀆
神、咒詛，或是使用下流的言語。從一個人口中所說出的話，
就可以知道他的為人。耶穌說入口的不能汙穢人，反而是出口
的才會汙穢人，人所說的話反映出他的內心。

二、「你的眼目要向前正看」，這是警告我們不要對危險
的事物掉以輕心。眼睛確實是我們的靈魂之窗，使用眼睛一定
要小心，看錯了東西可能會為你自己或是別人招致禍患，要竭
力持守眼目的聖潔。

三、「要修平你腳下的路」，也可以說是要三思而後
行。不要匆忙下決定，作最後決定之前務要仔細考量。一旦下
定決心之後，就要堅定你的步伐，堅持走在正路上不要放棄，
堅守你的異象。如果你已經禱告通透，明白神的旨意了，祂一
定會幫助你。

四、「不可偏向左右」，最後，務要走在正道當中，不可

太偏左，也不可太偏右。很多人意志不堅、左右擺盪，然後才覺得不解，爲什麼自己會遭遇這麼多的麻煩。

只要做到以上這些原則就可以遠離麻煩，而且神必與你同在，神必幫助你。

第 *35* 天

陰間始於淫婦的甜言蜜語

讀經：箴言五章1～14節

> 「因爲淫婦的嘴滴下蜂蜜；她的口比油更滑，至終卻
> 苦似茵蔯，快如兩刃的刀。她的腳下入死地；她腳步
> 踏住陰間，以致她找不著生命平坦的道。她的路變遷
> 不定，自己還不知道。」（箴言五章3～6節）

要明辨！在這個邪惡欺謊的世代中，有一件最需要明辨的事，就是世人大多認同也教導「要接受各種事」。人都是跟著別人走的，他們相信有些事如果有人做過了，就表示他們也可以做。他們以必死的人作榜樣，取代了神的話語。

在這個教導中，作父親的一開始就警告孩子，要小心姦淫這項可怕的罪。他首先要孩子守住自己的嘴唇，有些話不該說，要留意自己說出口的話和給出的承諾。

　　然後他談到，一生都不要沾惹「淫婦」。他清楚地強調，她的唇是不潔淨的，她口中的言語甜如蜂蜜，她的口比油更滑。但她最終會帶人進入苦毒與死亡——不只是身體的死亡，更是靈性上的死亡、靈魂的毀滅，因為她自己的道路就是走向陰間，因此凡是與她為伍的，也會被她引向陰間的路。

　　他警告說：「你絕不會知道她的詭計和陰謀，她嘴裡說愛你，但事實上只是要你為她效力。」

　　這位憂心的父親警告他的孩子：「離她遠一點！千萬不要靠近她！你如果玩火的話，一定會受傷的！」然後他談到的是不要給自己帶來羞辱，為生命帶來羞恥，也不要將自己多年辛勞努力所賺得的錢財或是產業，交在淫婦的手中。

　　如果男人用金錢去收買女人對他的喜愛，那麼他就是用自己的錢讓淫婦的家裡壯大豐厚。當這女人從男人的身上能拿的都拿完了之後，還可能敲詐他一番，男人最後還要付一筆封口費。當初如何因為她甜蜜的親吻、溫柔的話語而拿出錢來，現在也要如何花錢請她閉上嘴。

　　但事情還沒結束，這位父親還警告兒子：「你會在哀嘆中終結你的生命，你的肉體會受到疾病所吞噬。」

　　性病就是這樣，它們侵蝕你的身體、銷毀你的皮肉。原本俊美的軀體成了罪惡的源頭，最終被疾病摧毀而變為醜陋。

　　這時候，你會因為沒有聽從父親的警告和敬虔教師的勸誡而充滿悔恨。你才明白，雖然生活在聖潔的百姓中，你的心卻是邪惡的，就像在一群多結果子的基督徒中藏著一顆爛蘋果。

可悲的是浪子不見得都會回到父親的家中，或為自己的任性叛逆而悔改。他們多半會耗盡畢生積蓄，然後在罪中滅亡，葬身於無名的荒野。這一切都是他當初受到女人甜蜜親吻引誘的結果，而如今那女人早就忘了他的存在。

第 *36* 天

喝 自 己 池 中 的 水

「你要喝自己池中的水，飲自己井裡的活水。你的泉源豈可漲溢在外？你的河水豈可流在街上？惟獨歸你一人，不可與外人同用。要使你的泉源蒙福；要喜悅你幼年所娶的妻。她如可愛的麀鹿，可喜的母鹿；願她的胸懷使你時時知足，她的愛情使你常常戀慕。我兒，你為何戀慕淫婦？為何抱外女的胸懷？因為，人所行的道都在耶和華眼前；祂也修平人一切的路。惡人必被自己的罪孽捉住；他必被自己的罪惡如繩索纏繞。他因不受訓誨就必死亡；又因愚昧過甚，必走差了路。」（箴言五章15～23節）

每個人都會有渴的時候，但要留意自己到底是到哪裡去找水喝。有些水裡滿是細菌，是致命的水源。

　　我在印度時曾經因為喝了不潔的水而感染傷寒。就算在大熱天裡那水看起來清澈、喝起來涼爽又解渴，但這不代表它就是安全衛生的。

　　我們今天聽到很多人說「安全性行為」，但事實上只有在一種情況下，性行為才是真正安全的，那就是在婚姻關係中，夫妻彼此忠誠的性行為。用箴言作者的話來說，就是：「喝自己池中的水，飲自己井裡的活水。」

　　你如果按真理行事，神就會使你豐盛倍增並祝福你，而你的孩子們不只是在街頭上玩樂，帶給鄰居喜樂和歡笑，他們還要在各國發揮影響力。

　　如此一來你生命的泉源（就是神已賜你的生命活水和生育能力），就會大大地蒙神祝福。

　　「要喜悅你幼年所娶的妻」，這句話的意思不是說，夫妻兩人只在年輕的時候快樂，而是說你年幼時所娶的妻子，就算如今已經白髮如霜，行動已經不再矯捷俐落了，但對你而言她仍然青春美麗，是你眼中所嚮往的。

　　要愛慕你的妻子，不只是出於作丈夫的義務，而是要保持那最起初的愛，讓她成為永遠的心上人，享受她為你生育及乳養孩子的身體和胸部。

　　你會注視別的女人的胸部，而且想要擁抱嗎？它們不屬於你，你也不清楚曾有多少男人擁有過它們。要單單愛戀自己的妻子，她是獨特的珍寶，只屬於你一人所有，她是如此稀有而珍貴。

「因為，人所行的道都在耶和華眼前；祂也修平人一切的路。惡人必被自己的罪孽捉住；他必被自己的罪惡如繩索纏繞。他因不受訓誨就必死亡；又因愚昧過甚，必走差了路。」（箴言五章21～23節）

神正在看著你，不要任憑慾望的靈編織繩索，它最終會將你勒斃。反之，要與你的妻子共享人生，她是神賜給你今生的珍寶。

第 *37* 天

若草率承諾而失信，要謙卑尋求對方的原諒

「我兒，你若為朋友作保，替外人擊掌，你就被口中的話語纏住，被嘴裡的言語捉住。我兒，你既落在朋友手中，就當這樣行才可救自己：你要自卑，去懇求你的朋友。不要容你的眼睛睡覺；不要容你的眼皮打盹。要救自己，如鹿脫離獵戶的手，如鳥脫離捕鳥人的手。」（箴言六章1～5節）

當有人向你提出一筆很棒的交易，他所說的真的很吸引人，這個時候你很容易興奮、不加思索地作出事後會後悔的決定。

　　你要留意，絕對不要作超出自己能力所及的承諾，因為只要答應的事，你就必須要做到。你的承諾就像網羅一樣，你會被自己口中所說出的話纏住。

　　然而，你若是發現自己已經作了承諾或是說了大話，事後卻無法兌現的時候，就要謙卑地到對方面前，請對方不再追究並原諒你，告訴他你已經學到教訓了。

　　有一次，一位女士表示願意為主的事工，奉獻一筆不小的金錢。之後她回到家把這件事告訴丈夫的時候，他非常生氣。她為了替自己解圍，就寫了一封信給牧師，懇求得到原諒並取消自己所承諾的奉獻。牧師聽到消息很失望，不過也無可奈何，只好寫了一封客氣的回信，接受這位女士的請求。

　　耶穌告訴我們，要對於自己不智的言行謙卑地懇求原諒。當我們所發的誓或作出的承諾使我們陷入困境，若有方法可以解決，就要勇敢地採取行動，神會原諒我們的。我們若是作了承諾，事後卻做不到，神也會原諒我們。神自己不做的事，也不會要求我們去做。

　　事實上，祂要我們立刻面對問題，每天上床之前要先解決這些問題。犯錯的時候就要改正不要拖延，而且要盡快改正，因為那是惟一可以釋放你自己的方法。

　　完全的謙卑就是釋放自己的最佳方法，只要這麼做，你就可以不必繼續受折磨；如果不解決，撒但就會讓你一直活在控告之中，惟一的解決之道就是盡力和對方把問題妥善解決。

第 *38* 天

懶惰人要向螞蟻學習

讀經：箴言六章 6～15 節

「懶惰人哪，你去察看螞蟻的動作就可得智慧。螞蟻
沒有元帥，沒有官長，沒有君王，尚且在夏天預備
食物，在收割時聚斂糧食。懶惰人哪，你要睡到幾時
呢？你何時睡醒呢？再睡片時，打盹片時，抱著手躺
臥片時，你的貧窮就必如強盜速來，你的缺乏彷彿拿
兵器的人來到。」（箴言六章6～11節）

螞蟻是最微小的受造物之一，但天父卻把智慧和勤奮的特
質放在牠們裡面。神也特別要好逸惡勞的懶人，學習螞蟻的智
慧和勤奮。

箴言的作者一再責備懶惰人，或許是因為很多皇室或富貴
名人家的後代，常常變成紈褲子弟。他們不需要努力工作養活
自己，以致不事生產沒有貢獻。我們要注意，箴言的作者是所
羅門，他本身就是一名王子，是大衛王的兒子。箴言的很多篇
幅都是他寫給自己兒子的，因為他知道身為王子最容易陷入什
麼樣的景況。他看到自己的兄弟，由於王子的身分而被寵壞、

毀了一生（參考撒母耳記下十三章1～19節）。他的兄弟押沙龍殺了暗嫩，並結黨造反要推翻自己的父親大衛王（參考撒母耳記下十三章20節～十八章33節）。押沙龍幾乎要毀了整個以色列。亞多尼雅也是一個被寵壞了的大衛之子，他最後因為自己的傲慢與背叛而被處死（參考列王紀上一章5節～二章25節）。

　　沒有任何的王或長官在指揮管理螞蟻，但螞蟻卻知道要勤奮工作，為沒有糧食的日子作預備。牠有未雨綢繆的智慧，也是自動自發的工作者，很多人非常被動，除非有人叫他去做，否則他就不動手。他看不到院子裡有需要清理的垃圾，或是水槽裡堆得高高的碗盤、該洗了的車子、一團亂的床鋪、該回覆的郵件、園子裡該割的草。我還可以舉出更多例子，很多事情顯然是該做的，但那些懶惰的人就是會忽略掉。

> 「再睡片時，打盹片時，抱著手躺臥片時，你的貧窮就必如強盜速來，你的缺乏彷彿拿兵器的人來到。」
>
> （箴言六章10～11節）

　　從前有一種搶匪稱為「響馬」，他們騎馬竄行在各地，以持槍維生。他們通常會攔路洗劫無助的旅客，所以路上的旅客總是膽戰心驚。

　　不過這些搶匪總有跑不快的一天，到時候他們要靠什麼維生呢？求神將螞蟻的勤奮和熱情賜給我們，免得我們成為一個靠救濟金維生的國家。

第 *39* 天

基督徒也會犯的七樣罪

「耶和華所恨惡的有六樣，連祂心所憎惡的共有七樣：就是高傲的眼，撒謊的舌，流無辜人血的手，圖謀惡計的心，飛跑行惡的腳，吐謊言的假見證，並弟兄中布散紛爭的人。」（箴言六章16～19節）

當神說到有些事是祂心裡所憎惡的，就表示這些事對祂來說，是在道德上令祂反感厭惡的。講到所憎惡的事，通常會讓人聯想到：

- 拜偶像（參考列王紀上十四章23節）
- 同性戀及性變態（參考利未記十八章22～30節）
- 殺人獻祭（參考申命記十二章31節）
- 將有瑕疵的祭物獻給神（參考申命記十七章1節）
- 做生意時不誠實（參考申命記廿五章13～16節）
- 廟妓（參考列王紀上十四章24節）

而在本段經文中，作者列出七項神所憎惡的事，讓我們逐一瀏覽並細細思想。因為我們不想犯這些錯，惹來神的憤怒。

對大部分愛神的人來說，通常不會犯上面所提的這些可怕的罪，但是在本段經文中神所憎惡、看似「比較輕」的過犯，我們是不是偶爾會犯呢？

一、「高傲的眼」：心中的驕傲是藏不久的，通常面部表情或肢體動作一定會把心中的驕傲表露出來。世人讚賞這種態度，稱它為「高傲的眼」，這種態度會在人的言行中表現出來，而神憎惡它。驕傲在敗壞以先，所以如果神愛我們，祂會容許我們跌倒，然後學習謙卑，這樣我們才能進入眾謙卑聖徒的國度。

二、「撒謊的舌」：人在敘述事情的時候，總會忍不住誇大其詞、加油添醋一番，我們常常犯這種說話「有彈性」的罪。有些人不斷重複著自己編造的謊言，講到後來連自己都相信了。但人騙不了神，神不會忘記事情的真相，所以我們最好能以真理的量尺來衡量口中說出的話。

三、「流無辜人血的手」：沒人會比在母腹中的胎兒更無辜了，今天那些施行墮胎的醫生和助手，他們的雙手沾滿了這些無辜者的鮮血，但他們卻覺得自己比起希特勒死亡營那些執行毒氣屠殺的劊子手好多了。神當然不會忘記死亡營的屠殺，但祂也不會忘記今日正在我們的城市裡發生的屠殺營。祂還會記住那些執行墮胎以及支持墮胎合法化的監察人員、總統首相或是最高法院的成員。凡是支持墮胎合法化的人，都已經在神憤怒的審判之下了。

四、「圖謀惡計的心」：不論是作計畫或是幻想，只要心

中思忖著虛假的想像或是放縱情慾的意念，就會讓自己陷入危險的處境，神必要對付這樣的人。

五、「飛跑行惡的腳」：現在街頭示威遊行的頻率，似乎不斷超越以往。而且大部分的遊行都是為了支持某個違反聖經真理的議題，像是「同志驕傲」遊行、墮胎合法化的遊行等等，過去從來不曾有那麼多人為了罪惡的主張而走上街頭。當有人為同性戀議題示威遊行時，我們彷彿回到了羅得在所多瑪的時代，這些人在我們的城市中激起憤怒的情緒，釋放魔鬼的靈。

六、「吐謊言的假見證」：曾有說謊話和作假見證的誣告耶穌，把祂送上十字架（參考馬太福音廿六章60節）。那些人現在在哪裡呢？凡說謊者都有分於硫磺火湖（參考啟示錄廿一章8節），絕對不要以謊言或是假見證陷害別人。

七、「弟兄中布散紛爭的人」：確實有不少人都在家庭或是教會裡犯了這罪！這種心態或言行有時是不易察覺的。要小心，不要因為你的朋友對某人心存偏見，就受影響也討厭那人。別人不喜歡，你不需要和他一樣。

絕不要因為嫉妒和猜疑，就灑下紛爭的種子。

第 *40* 天

神的話語是你的最佳指南

「我兒，要謹守你父親的誡命；不可離棄你母親的法則（或譯：指教），要常繫在你心上，掛在你項上。你行走，他必引導你；你躺臥，他必保守你；你睡醒，他必與你談論。因為誡命是燈，法則（或譯：指教）是光，訓誨的責備是生命的道。」（箴言六章20～23節）

神的話語是你的最佳指南與防護，你若將它存記在心，它會幫助你不致迷路；或者就算你一時走錯了路，它也會把你帶回。很多敬虔人的孩子雖然走錯了路，但因為他們記得父母的教悔，最終仍改過走回正路。

這段聖經鼓勵父母們，要不斷將神的話語放在孩子心中。單用生活的教條和規矩教導訓練孩子是不夠的，你要將神的話語放在孩子的心中，他們才能在關鍵的時候作出對的決定。不是因為父親或母親曾經這樣教過他們，而是因為心中存記神的話語，能幫助他們克服犯罪的慾望。

要在你家裡四處，凡是可以看到的地方，都放上經文。

你若將神的話記在心中，它就會指引你應走的方向。當你

夜間入睡的時候，它也會保護你遠離可怕的夢，或是從魔鬼來的誘惑。撒但隨時都虎視眈眈，要攻擊沒有留意防備的人，牠要用各種詭詐的方式傷害人的體與魂。

「你睡醒，他必與你談論」。身邊永遠有個好朋友可以和你談話，豈不是很美好？當你心中存記神的話時，你就會聽到這位「好朋友」對你說話，你永遠不會覺得孤單。但願每個獨居的人都能牢記神的話，並在面對生活中的挑戰時引用出來，那麼不論在清醒時或睡夢中，你都將享有豐盛的喜樂與平安。

「因為誠命是燈，法則是光，訓誨的責備是生命的道。」透過神的話，你將會得到指引與方向。

保羅在寫給提摩太的書信中說：「聖經都是神所默示的，於教訓、督責、使人歸正、教導人學義都是有益的。」（提摩太後書三章16節）

這是保羅殉道前，在最後一封書信中寫給他屬靈兒子提摩太的話。即將殉道的人所說的話，值得我們細細深思與領受。

第 *41* 天

親近鄰舍之妻是愚蠢的

「能保你遠離惡婦，遠離外女諂媚的舌頭。你心中不要戀慕她的美色，也不要被她眼皮勾引。因為，妓女能使人只剩一塊餅；淫婦獵取人寶貴的生命。人若懷

裡摟火，衣服豈能不燒呢？人若在火炭上走，腳豈能不燙呢？親近鄰舍之妻的，也是如此；凡挨近她的，不免受罰。賊因飢餓偷竊充飢，人不藐視他，若被找著，他必賠還七倍，必將家中所有的盡都償還。與婦人行淫的，便是無知；行這事的，必喪掉生命。他必受傷損，必被凌辱；他的羞恥不得塗抹。因為人的嫉恨成了烈怒，報仇的時候絕不留情。什麼贖價，他都不顧；你雖送許多禮物，他也不肯干休。」（箴言六章24～35節）

在這一段箴言中，你會發現很多男人之所以犯姦淫罪，是因為驕傲！他們被女人諂媚的話所迷惑 。她會告訴男人，他有多棒、多英俊、多聰明、多屬靈（而她自己的丈夫有多不屬靈），以及他的妻子是多麼傻，居然不懂得欣賞他這樣出色的丈夫！

男人驕傲的心很快就會接受這些諂媚奉承的話。「諂媚」這個詞在希伯來文中，也有「狡猾、滑順」的意思。不知不覺間，這些狡猾的言語就會使他重重地「滑一跤」。

女人用她的眼神抓住男人的心，男人貪愛她的美貌，開始渴望得到她。不只是雙眼才會勾魂，連眼皮也可以。當男人想要得到她的時候，她只要羞怯地垂下眼簾，男人就上勾了。

淫婦不單是指街頭的娼妓，這裡所指的是別人的妻子。箴言說到，當她的丈夫發現妻子不忠時，將會充滿了嫉恨的烈怒。

箴言的作者警告我們，淫婦會把富翁變成乞丐。曾經坐在奢華的宴會桌上吃大餐的富翁，最後會落到只剩下一小片（甚至不是一整條麵包）——一切只因爲淫婦就像烈火一般，只會帶來毀滅。事實上在希伯來文中淫婦是*ishshah*，這個字的另一個意思就是「火」。

　　因此作者問道：「人若懷裡撻火，衣服豈能不燒呢？」（箴言六章27節）這裡指的「燒」，希伯來文就是*saraph*，而撒拉弗（火天使）的名字用的正是這個字。撒拉弗與眾天使是神的護衛，守護在天堂的寶座前。

　　凡與鄰舍妻子親近的人必受審判與刑罰。想想大衛王，就算他已經向神認罪、得蒙赦免，最後還是付上極大的代價。

　　人因爲飢餓而偷東西或許可以理解，但如果他偷的是別人的妻子，那就太不聰明了。這個「聰明」在希伯來文中是*leb*，指的是一個人的全部內在。換句話說，這人內在有很大的問題，他所犯的通姦罪會嚴重摧毀他的靈魂，他的聲譽會沾上汙點。這不名譽的傷將帶給他畢生的疤痕，而且這羞辱永遠都抹不掉。

　　此外，他會因那女子丈夫的嫉妒和烈怒，天天活在危險中。他絕對無法脫離這丈夫的嫉妒和烈怒，即使餽贈再多的禮物，都無法平息他的怒氣。

　　而且到了審判的那日，這位丈夫必要控告他的罪狀。

第 *42* 天

看不見的小病毒可以殺死強壯的男子

讀經：箴言七章1～27節，九章13～18節

作者繼續對少年人發出警告，要他們小心危險的淫婦，這一次他描述的是街上的妓女。這種女人出賣靈肉的事好像由來已久，聖經中第一次提到妓女，是在創世記卅八章15節。

喇合在約書亞記二章1節中，也被稱為妓女。

並不是所有的妓女都是「邪惡」的女人。有些人是為了生活賣淫，有些是服用毒品需要錢，或者有些是為了要養家。她們恨惡這種生活也恨惡男人，但因為賺錢比較容易，所以只好不斷回到這種工作。

作者在這裡所描述的妓女，是個心機很重的女人。她坐在家裡，望向窗外，等著那些毫無防備、單純、經驗不足的年輕人落入她的網羅，因為這樣的年輕人不明白魔鬼的伎倆和妓女的心機。這個可憐的少年人，可能以前從來都沒有女孩子願意多看他一眼，這下忽然間有女子對他表示青睞，他當然喜不自勝。在黃昏時刻，這女子其實是在睡了一整天之後，要開始像往常一樣做生意了。

許多的罪惡都是在夜幕的遮蓋之下開始進行的。我就曾經在大城市中看到，當太陽漸漸下山夜幕開始低垂時，妓女和男

妓們開始從藏身的地方出來走上街頭。這讓我回想到，當我在亞洲時，每次天黑之後蟑螂都會成群地從藏身之處出來。當我一開燈，牠們就一溜煙地躲起來了。

> 「看哪，有一個婦人來迎接他，是妓女的打扮，有詭詐的心思。」（箴言七章10節）

從妓女的打扮多半可以看得出來，她們常常穿著裸露，你遠遠就可以認出她們來。

> 「這婦人喧嚷，不守約束，在家裡停不住腳。」（箴言七章11節）

既然她的客戶都在街上，她怎麼可能安分地待在家裡呢？不論老少她都上前勾搭，而且絕不輕言放棄。只要是她看中的獵物，她都會大膽地去抓住，然後親吻他，在他耳邊柔聲邀約。

「平安祭在我這裡，今日才還了我所許的願。」她還裝出一副敬虔的樣子，表現出自己是一個「聖潔的妓女」。她暗示對方，因為她已經獻了「平安祭」，所以接下來犯罪的問題已經處理好了。

「我出來迎接你，懇切求見你的面，恰巧遇見了你。」她說得好像全世界千千萬萬人中，她只愛這位男子。

接下來她描述自己的床，把犯罪的地方說得十分誘人。

她甚至保證自己的丈夫出遠門去了，他們可以整晚「飽享愛情」。她其實是要說服對方，偷來的水是甜的。

> 「愚昧的婦人喧嚷；她是愚蒙，一無所知。她坐在自己的家門口，坐在城中高處的座位上，呼叫過路的，就是直行其道的人，說：誰是愚蒙人，可以轉到這裡來！又對那無知的人說：偷來的水是甜的，暗吃的餅是好的。」（箴言九章13～17節）

她有她的價格表：每次多少錢，五分鐘交易，或者一整晚的交易價格多少錢。

因著她的好口才，男子同意了，跟著她進到內屋，好像羊被牽進屠宰場一般。

> 「人卻不知有陰魂在她那裡；她的客在陰間的深處。」（箴言九章18節）

接下來將有煎熬的苦難正等著那男子。當他的肝受到感染，好像被箭刺透一般，他會發現犯這樣的罪實在划不來。他不是惟一一個染上隱疾而身亡的。她毀了很多男人，只有神知道她到底傷害過多少人，連最強壯的男子都逃不過她的掌心。

她的門楣上應該寫著「地獄」兩個字，並且把骷髏頭和人骨的死亡圖案，掛在她的床正上方。

即便如此，男人真的會回頭嗎？現今成千上萬的妓女正傳播著愛滋病和其他性病，男人都知道，但他們仍像傻瓜一樣奮不顧身地繼續「玩火」。

要記住，就算是再強壯的人，只要一個小小的HIV病毒就可以把他送進墳墓！

第*43*天
智慧比任何禮物都可貴

「智慧豈不呼叫？聰明豈不發聲？他在道旁高處的頂上，在十字路口站立，在城門旁，在城門口，在城門洞，大聲說：眾人哪，我呼叫你們，我向世人發聲。說：愚蒙人哪，你們要會悟靈明；愚昧人哪，你們當心裡明白。你們當聽，因我要說極美的話；我張嘴要論正直的事。我的口要發出真理；我的嘴憎惡邪惡。我口中的言語都是公義，並無彎曲乖僻。有聰明的，以為明顯，得知識的，以為正直。你們當受我的教訓，不受白銀；寧得知識，勝過黃金。因為智慧比珍珠（或譯：紅寶石）更美；一切可喜愛的都不足與比較。」（箴言八章1～11節）

因為真智慧是從神而來，不能與神分離的，所以從這兩章

箴言中，我們可以看到主耶穌的智慧。

舊約的作者常常在奇妙的恩膏下，寫出超越自己知識的篇章。他們領受了聖靈的膏抹，所作的描述和預言，我相信連他們自己都不見得能理解。他們是神話語的傳遞者。

智慧大聲呼叫，期望眾人能聽見並接受。她從高處發聲，像是更高的學識殿堂、世界的政權中心或是從國王的宮廷，她也在平凡人經過的路上。她像是人心中的良知，總是希望能夠吸引人的注意力，好藉此幫助人免去憂傷，也讓他們去幫助更多人。

當人進入城門口或是在自己的家門口，都可以見到智慧的身影，她說：「眾人哪，我呼叫你們。」妓女也是站在街頭喊叫，要吸引人的注意，但這兩種呼喊的原因卻是如此不同！

人如果聽從智慧的呼聲，絕對不會被引誘犯罪的聲音所吸引。人要選擇跟從「新娘」的聲音還是妓女的。

智慧對所有人都是敞開的，甚至連愚昧人都有分，她說：「你們當聽，因我要說極美的話。」極美的話指的是高貴、從王來的話。

這裡所說「極美」的話，在英文聖經裡用的是excellent這個字，它的希伯來文是nagiyd，意思是「在上位的人」。但以理書九章25節中提到彌賽亞受膏君王，就是用nagiyd這個字。

所以智慧訴說著基督，凡有智慧的人會對他人講述基督。智慧人不怕大大開口宣講真理，他開口只說真理，因為他恨惡謊言和刻薄的話。他口中的一切都是公義，在他沒有弡

汙、扭曲或欺騙。智慧是純淨的，凡有聰明的都能清楚明白。這個世代需要智慧，渴慕認識神的人切切尋求它。

因為這些智慧的話語是來自神在我們生命中的作為，所以比紅寶石還要寶貴，比世上任何事物都叫人渴慕。事實上人所喜愛的一切事物，都比不上智慧和智慧的話語。

第44天
智慧是無價的

「我——智慧以靈明為居所，又尋得知識和謀略。敬畏耶和華在乎恨惡邪惡；那驕傲、狂妄，並惡道，以及乖謬的口，都為我所恨惡。我有謀略和真知識；我乃聰明，我有能力。帝王藉我坐國位；君王藉我定公平。王子和首領，世上一切的審判官，都是藉我掌權。愛我的，我也愛他；懇切尋求我的，必尋得見。豐富尊榮在我；恆久的財並公義也在我。我的果實勝過黃金，強如精金；我的出產超乎高銀。我在公義的道上走，在公平的路中行，使愛我的，承受貨財，並充滿他們的府庫。」（箴言八章12～21節）

智慧與審慎謀略是密不可分的，它們彼此「同住」。不夠謹慎的人可能會落入各種困境，而智慧能救你免去這些災禍，

它可以幫助你發覺那些受撒但控制之人的詭計。那些想要陷害你的人和他們的詭計永遠無法得逞，因為智慧必會保護你。

智慧教導你敬畏神，而你若是敬畏神就會憎恨罪惡和一切罪惡的事。

智慧給人明智的忠告。它使平凡人成為君王、統治者，靠著智慧的幫助，君王穩坐王位，審判者常留其位。

智慧對所有尋求它的人是敞開的，尋找的就必尋見。

人與他人相交時，若跟隨全知真神的帶領，智慧必為他們帶來豐富與尊榮。

智慧的果實勝過金銀，因為智慧引人走在正道上。喜愛智慧的人也會承受豐盛的財富，甚至是永遠的財富。「只要積攢財寶在天上；天上沒有蟲子咬，不能銹壞，也沒有賊挖窟窿來偷。」（馬太福音六章20節）

智慧帶來的好處是無窮盡的。它使人承受神藉由耶穌基督所賜的豐盛產業。喜愛智慧的承接財物，他的囊中裝滿了不能朽壞、存到永遠的寶物。這些寶物是買不到的，因為地上所有的金錢，都買不起屬天的豐盛。

然而透過主耶穌，我們得以白白領受屬天的豐盛。「神既不愛惜自己的兒子，為我們眾人捨了，豈不也把萬物和祂一同白白地賜給我們嗎？」（羅馬書八章32節）

第 *45* 天

成為創世以先初熟的果子

「在耶和華造化的起頭，在太初創造萬物之先，就
有了我。從亙古，從太初，未有世界以前，我已被
立。」（箴言八章22～23節）

「……就有了我。」這個「我」是誰？

它指的可能是智慧、神或神的兒女。這個「我」通常會被
解釋成神或智慧。不過，我把它看作是神在我們出生前已賜下
的啟示。

「在耶和華造化的起頭，在太初創造萬物之先，就有了
我。」神賜給我們肉體，這肉體來自我們的父母和地上的祖
先，所以我們擁有與父母相似的性格、外表、個性、基因和染
色體。

但我們的靈卻是來自天上的父，祂是一切靈的父。甚至在
希伯來書十二章9節提到：「再者，我們曾有生身的父管教我
們，我們尚且敬重他，何況萬靈的父，我們豈不更當順服祂得
生嗎？」

我們的肉體是短暫的，但靈卻是永恆的。因為你的靈魂
是永恆的，所以你不是出生後才存在。「永恆」的意思是沒

有開始也沒有結束，在《柯林斯英語詞典》（Collin's English Dictionary）中，永恆的定義就是「沒有起始也沒有結束、永遠長存、永遠的生命」。

你不記得自己的過去，並不表示你當時不存在。你在母腹中成形的第一個月時，就已經活著了。但神選擇讓你忘記生命中的那一段。我們都是從同樣的基礎開始（除了身心有障礙的人之外）。我們開始的能力都一樣，像是說話、看、聞、聽、走、呼吸等，但如何運用生命這份禮物，就要看我們個人了。我們若沒有達成神對我們生命的計畫，不能老是怪罪環境，因為神在創造我們的時候，就知道我們一生的藍圖是什麼樣子了。

有些人就算在貧民窟出生，但他們的成就甚至高過很多名門富貴家庭的後代。

我們的生命極為寶貴，因為生命是從神開始的。

大衛王在詩篇一三九篇13～18節中，也講述了類似的想法：「我的肺腑是祢所造的；我在母腹中，祢已覆庇我。我要稱謝祢，因我受造，奇妙可畏；祢的作為奇妙，這是我心深知道的。我在暗中受造，在地的深處被聯絡；那時，我的形體並不向祢隱藏。我未成形的體質，祢的眼早已看見了；祢所定的日子，我尚未度一日，祢都寫在祢的冊上了。神啊，祢的意念向我何等寶貴！其數何等眾多！我若數點，比海沙更多；我睡醒的時候，仍和祢同在。」（詩篇一三九篇13～18節）

箴言八章22節說：「在耶和華造化的起頭，在太初創造萬

物之先，就有了我。」

我們來仔細看一下這段文字，研讀它的深意。

「就有了我」，這裡的「有了」來自希伯來文的qanah，它的意思是「獲得、擁有、贏得、達到、贖回」。

讚美主！這就是使徒保羅在寫信給以弗所教會時所看見的：「願頌讚歸與我們主耶穌基督的父神！祂在基督裡曾賜給我們天上各樣屬靈的福氣：就如神從創立世界以前，在基督裡揀選了我們，使我們在祂面前成為聖潔，無有瑕疵；又因愛我們，就按著自己的意旨所喜悅的，預定我們藉著耶穌基督得兒子的名分，使祂榮耀的恩典得著稱讚；這恩典是祂在愛子裡所賜給我們的。我們藉這愛子的血得蒙救贖，過犯得以赦免，乃是照祂豐富的恩典。這恩典是神用諸般智慧聰明，充充足足賞給我們的；都是照祂自己所預定的美意，叫我們知道祂旨意的奧祕。」（以弗所書一章3～9節）

天父對我們每個人的生命都有計畫，這真是一件令人感到安慰的事。我們並非孤單徘徊、自行摸索神的心意，祂是有計畫地帶領引導我們。

箴言八章23節說：「從亙古，從太初，未有世界以前，我已被立。」我們來看看這裡的「被立」，它的希伯來文是nacak，意思是「澆奠或是澆鑄金屬」。

在舊約時代，奠祭的酒要澆灌在神的面前。雅各就曾經在石柱上奠酒、澆油（參考創世記卅五章14節）。

根據摩西律法，奠祭有時候是和其他的祭物一起獻上的

（參考出埃及記廿九章40節；利未記廿三章13節）。在每一個重要的節日中，都必須獻上奠祭（參考民數記六章15、17節）。這是拿細耳人條例的一部分。

奠祭通常會使用酒（參考出埃及記廿九章40節；民數記十五章5節，廿八章7節），有時候會用水（參考撒母耳記下廿三章16節），或者用橄欖油（參考彌迦書六章7節）。

保羅在腓立比書二章17節裡說：「我以你們的信心為供獻的祭物，我若被澆奠在其上，也是喜樂，並且與你們眾人一同喜樂。」

他也在提摩太後書四章6節中提到：「我現在被澆奠，我離世的時候到了。」

甚至連耶穌都為了我們被澆奠在十字架上。而愛耶穌、渴慕更像祂的我們，也與詩歌作者一起唱：「我要為祢像酒一樣被澆奠在祭壇上。」

「從太初……」，這「太初」在希伯來文中是*reshiyth*，這是希伯來聖經中創世記一章1節出現的第一個字，它的意思就是「時間、空間、順序、等級、根源中的第一位」。

「從亙古……」，「亙古」（everlasting）的希伯來文是*olam*，表達「無法追溯的遠古時代、消失的時間點、永恆」。

你我的存在並不是偶然，我們的存在是神的意旨，我們是祂永恆計畫中的一部分。

神澆灌自己的靈（祂自己的一部分）在我們身上，因此祂也要我們將生命傾倒出來，像是熔化的金屬流入祂所安排好的

鑄模裡一樣，使我們愈來愈像基督。祂在創世以先就揀選了我們，祂的心意是要我們在祂的愛裡聖潔沒有瑕疵。神是愛，所以我們若要像祂，就要愛人。這是「鑄鐵配方」中的一部分，是我們被磨塑像基督的重要成分。

「因為祂預先所知道的人，就預先定下效法祂兒子的模樣，使祂兒子在許多弟兄中作長子。預先所定下的人又召他們來；所召來的人又稱他們為義；所稱為義的人又叫他們得榮耀。」（羅馬書八章29～30節）

「我們既有屬土的形狀，將來也必有屬天的形狀。」（哥林多前書十五章49節）

「我們眾人既然敞著臉得以看見主的榮光，好像從鏡子裡返照，就變成主的形狀，榮上加榮，如同從主的靈變成的。」（哥林多後書三章18節）

噢！何等的喜樂，知道那榮耀的日子總有一天必會來臨。屆時我們要成為合神心意的樣式，成為榮耀的器皿，使祂得榮耀直到永遠。

祂將自己傾倒，因此我們得以將自己傾倒在祂所設計的鑄模中。除非我們願意被傾倒出來，否則祂就無法完成在我們身上的完美計畫。求神幫助你將自己傾倒，就像神將自己傾倒出

來一樣。不要錯過神爲你永恆靈魂的最佳旨意。

希伯來文reshiyth指的不只是「太初」，它也可以翻譯成「初熟的果子」（參考利未記二章12節，廿三章10節；民數記十八章12節）。耶穌成了那些將要復活者的初熟果子。哥林多前書十五章20節說：「但基督已經從死裡復活，成爲睡了之人初熟的果子。」

我們受召作祂所造萬物中初熟的果子，「祂按自己的旨意，用眞道生了我們，叫我們在祂所造的萬物中好像初熟的果子。」（雅各書一章18節）我們看到那群被稱爲初熟果子的人站在錫安山上，「這些人未曾沾染婦女，他們原是童身。羔羊無論往哪裡去，他們都跟隨他。他們是從人間買來的，作初熟的果子歸與神和羔羊。」（啓示錄十四章4節）

我們的命定是作祂初熟的果子，這是神的計畫，努力進入祂的心意吧！

第46天

以色列啊，你要聽！

讀經：箴言八章24～36節

「眾子啊，現在要聽從我，因爲謹守我道的，便爲有福。要聽教訓就得智慧，不可棄絕。聽從我、日日在

我門口仰望、在我門框旁邊等候的，那人便為有福。

因為尋得我的，就尋得生命，也必蒙耶和華的恩惠。

得罪我的，卻害了自己的性命；恨惡我的，都喜愛死亡。」（箴言八章32～36節）

　　這篇美好的經文以神的告誡作結尾，祂懇求祂的兒女以明智的心來聽祂的話。文中「聽從」的希伯來文是shama，這是在敬拜的時候最常聽到的一個字：「以色列啊，你要聽！耶和華──我們神是獨一的主。」（申命記六章4節）到了安息日，在世界各地千萬的會堂中，都可以聽到這個字。

　　神要我們聆聽祂所說的話，我們必須以智慧的心來聽。只有聖靈可以幫助我們做到。神要我們聽從祂，這樣我們才能成為一個蒙福喜樂的人。

　　惟有遵行祂的律法，並將其存記在心，持守律法並以其抵擋撒但和惡者的攻擊，我們才能成為蒙福、公義正直的人。要持守真理與公義必須付出相當的代價，但我們若是聽從神的指引並順服祂，就是有智慧的人──就算世人可能會譏笑我們愚蠢，會恨惡迫害我們。

　　「在我門框旁邊等候」，聽從神的話語，天天在天國門口仰望的人有福了。

　　何等美好的真理！何等的榮光！神邀請我們站在天國的門框邊上，天天從祂的寶座上領受信息。當祂向我們傳遞屬天的信息，我們會從屬天的生命中得力量。這生命能叫人身心都返

老還童，我們因此將能得到神的恩寵。

接下來祂發出警告，要我們知道走上另一條路的後果。我們若不聽從神的話語，不走屬神的道路，就是錯待了自己的靈。凡偏行己路、拒絕順服神話語的，都傷害了自己永恆的靈。

「恨惡我的，都喜愛死亡」，多麼強而有力的一句話啊！我們若喜愛神的話語並順服祂，神就賜我們永恆的生命，我們也會在祂的同在中永遠歡喜快樂。

但我們若拒絕神的話，就走向死亡。希伯來文的「死亡」就是maveth，這字的含意包括了「致命疾病、瘟疫和毀滅」。我們看過非常多人因著悖逆不聽從神的忠告，而身心靈遭到毀滅。哀哉！哀哉！哀哉！他們真是可悲！

第 *47* 天

為飢渴慕義的人預備筵席

「智慧建造房屋，鑿成七根柱子，宰殺牲畜，調和旨酒，設擺筵席；打發使女出去，自己在城中至高處呼叫，說：誰是愚蒙人，可以轉到這裡來！又對那無知的人說：你們來，吃我的餅，喝我調和的酒。你們愚蒙人，要捨棄愚蒙，就得存活，並要走光明的道。」

（箴言九章1～6節）

「智慧建造房屋」，這「房屋」可不是一般的屋子，希伯來文中是bayith這個字，它可以用來意指宮殿。我認為經文中的這棟房屋就像一棟很棒的國家圖書館，裡面有一排排各種知識的書，像是百科大全、圖解畫冊、名人傳記、自傳，或是科學、健康、建築、工程各方面的書，應有盡有，等著我們去學習認識。

「鑿成七根柱子　」，七這個數字代表了完全。智慧根據完全的律法，鑿成了七根大柱子，來支撐這棟宏偉的建築。

聖靈就是進入這知識殿堂的入口，惟有透過這位偉大的教師，我們才能明白屬天的真理。

真理的盛宴已經準備好了，歡迎那些日日在祂門前、在祂天國最高學院門柱前等候的。

牲畜已經宰殺燒烤，酒也調好，筵席已經擺好，一切都準備就緒。邀請函也已發出，邀請大家來享受知識的盛宴。我們的主將親自在筵席上講授這些知識典籍。

神邀請所有的人，即使是愚蒙、不明白神道路的人都歡迎。

智慧的使女呼喊：「你們來，吃我的餅，喝我調和的酒。」這是在邀請人來領受主的聖餐，領受為眾人破碎的身體、所流的血。這就是真理真正的源頭，一切都始於各各他。當我們領受聖餐時，神聖的生命就流到我們裡面。

最後，神呼召我們要捨棄愚蒙，進入愛與真理的殿堂。

第 *48* 天

以真理責備人可能招致危險！

「指斥褻慢人的，必受辱罵；責備惡人的，必被玷汙。不要責備褻慢人，恐怕他恨你；要責備智慧人，他必愛你。教導智慧人，他就愈發有智慧；指示義人，他就增長學問。」（箴言九章7～9節）

有時候當我們看到有人在做危險的事，會想去警告對方，或者當你看到有人做的事是錯誤、有罪或害人害己的，你想訓誨、指導或是給他們建言，但你卻因為害怕他們的反應而什麼都不敢說。

你如果對褻慢人提出告誡，他必定會嘲笑你，也不會接受你的建言。你不過是在浪費時間。

如果你責備惡人，他會反過來攻擊你，可能會編謊言來害你。就像在耶穌的時代，當時惡者就誣陷耶穌犯了很多罪。你甚至可能會為這些事付上生命的代價，就像當年施洗約翰責備希律王娶了兄弟的妻子希羅底。希羅底痛恨約翰，於是要求砍了他的頭，放在一個盤子上端到她面前。仇恨的心就是這麼可怕。

神並不要我們看到錯誤或是難忍的事就去指責糾正，我們要有聖靈的許可才開口。

但另一方面，你若是責備一個有智慧的人，他會因此而愛你。所以箴言告訴我們：「教導智慧人，他就愈發有智慧；指示義人，他就增長學問。」（箴言九章9節）

把機靈聰明和不肯好好學習的學生混在一起是不明智的，把不同的院校結合在一起也是不對的。不論是什麼膚色或是種族，優秀的學生都不該被不肯好好學習的人拖累。

不只世界上一般的學校是這樣，在屬神真理的殿堂也是如此。

一直以來牧師們不斷地教導古老的基要真理，現在該是進入完全的時候了。只因為有人還不能吸收深度的教導，就繼續用奶瓶餵食渴慕真理、該吃肉的人，這是不對的。

教導智慧人，他就愈發有智慧。

教導愚蒙人，他只會讓你傷心。

第 *49* 天

敬畏神的和譏笑神的
彼此聯合是困難的

讀經：箴言九章10～18節

「敬畏耶和華是智慧的開端；認識至聖者便是聰明。

你藉著我，日子必增多，年歲也必加添。你若有智

慧，是與自己有益；你若褻慢，就必獨自擔當。」

（箴言九章10～12節）

但願世人能夠明白，敬畏主是智慧的開端！

人們的心中已經失去了對神的敬畏，他們漠視、嘲笑、戲弄祂和祂的兒女。他們妄稱祂的名，用祂的名來咒罵、詛咒人。他們在祂面前藐視祂的律法。

因為神沒有即刻擊殺他們，他們就說神根本不存在。他們教導違背聖經真理的事，恨惡輕看神的聖潔，卻自詡為社會上的「知識分子」。

就如敬畏神是智慧的開端，聖潔是進入智慧的門檻。

當我們對神心存健康的敬畏時，我們的日子必加增，年歲也必加添。我們不只能得到長壽的恩典，我們還能活出生命極致的豐盛。

智慧是所有恩賜中最美好的一項，它必能大大祝福你。

因著敬畏尊榮神，你的生命得以蒙福；若是過著罪惡的生活，開口說邪惡的話語，你就是汙衊神，這將為你的生命帶來咒詛。這兩者的後果恰恰相反。

有時候你會發現即使是同住或是共事的兩個人，彼此之間卻可能差別很大。其中一個人是好譏誚的人，總是看不起、藐視別人，而另一位則是愛神、尊榮神。這兩個人甚至可能是夫妻關係。在這種情況下，堅持公義的一方總是很辛苦，但神必會與屬祂的同在，不會撇棄或離開祂的寶貝兒女，祂必安慰保

護他。當時候到了，受苦的這一位將會從困境中得釋放。

第 *50* 天

母親要承擔慣壞孩子的後果

「所羅門的箴言：智慧之子使父親歡樂；愚昧之子叫
母親擔憂。」（箴言十章1節）

從第十章開始，箴言的寫作開始有了轉變。它不再是長
篇、不同主題的探討，而是出現很多簡短的單節陳述，不過它
們都是智慧的話語，值得我們留心思量。

這一章的一開始就提醒我們，這些是所羅門的箴言。這是
因為如果兒子有智慧，父親就會帶著他、訓練他接手家族的事
業，並向朋友們炫耀自己的兒子。

但如果這個兒子什麼都不會而且非常駑鈍，父親會因他而
感到羞恥，不讓他碰家裡的任何事業，讓他待在家裡成為母親
的負擔。母親成了承擔兒子愚昧或犯罪後果的人。惟有母親的
愛可以面對這樣的孩子，很少有作父親的願意為敗壞門風的孩
子多花時間。

孩子之所以會任意妄為，部分原因可能是小時候被母親慣
壞了。現在她要為自己愚昧的錯誤承擔後果。媽媽們，如果你

溺愛孩子，你會比別人承擔更多的後果，因為被慣壞的孩子必定會令你蒙羞。

「夏天聚斂的，是智慧之子；收割時沉睡的，是貽羞之子。」（箴言十章5節）

在聖經時代，一年會有好幾個月是收成的月分。第一次的收成始於五旬節左右，也就是猶太曆的尼散月。在逾越節的五十天之後，其時正值盛夏，是收割穀物的時候。先從收割大麥開始，最後收割的是小麥。

最後一次收成就在住棚節之前，正當猶太曆的第七個月，此時之前沒收割的作物都要一次收成完。

該收的作物一定要盡快收割，因為住棚節一到，人們有七天將不可勞動。這七天要完全休息，在主面前歡慶過節。秋雨通常會在此時降下（這場雨又稱甘雨，是該季中最大的一場雨），滋潤被夏季烈日曬乾的土地。這是一年中最後一次收成，家中的兒女都要辛勤工作幫忙收成穀物。

我們再次看到，這是「收割的季節」。我們的救主也是收割的主，祂正在呼召收割莊稼的工人。穀物都已經熟成落地了，所以神的兒女們應速速投入禾場收割。然而，有多少人怠惰閒散並對今日的需要視而不見！神會審判這些貽羞之子，他們在收割的時候忙自己的事，漠視那些即將失落毀滅的靈魂。

第 *51* 天

欺哄導致羞辱與敗壞

讀經：箴言十章2～4節、6～7節

> 「不義之財毫無益處；惟有公義能救人脫離死亡。耶
> 和華不使義人受飢餓；惡人所欲的，祂必推開。手
> 懶的，要受貧窮；手勤的，卻要富足。」（箴言十章
> 2～4、6～7節）

惡人的財富，也就是今日人們所說的「不義之財」，最終
不會為人帶來好處，因為神不會祝福這些財富。偷來的東西是
受咒詛的，它會為擁有的人帶來咒詛與毀滅。

將應歸於神的什一奉獻暗藏的人，最後終將貧窮。瑪拉
基書三章8～9節清楚地提醒我們：「人豈可奪取神之物呢？你
們竟奪取我的供物。你們卻說：『我們在何事上奪取祢的供物
呢？』就是你們在當納的十分之一和當獻的供物上。因你們通
國的人都奪取我的供物，咒詛就臨到你們身上。」

因為什一是應該獻給神的初熟果子，它好像財富的種
子，若不奉獻在神的事工上，而是把它花掉了，這樣農夫終會
貧窮，因為他明年栽種時就沒有種子了。惟有將該給的獻給

神，我們在第二年的春天才會有可栽種的種子。

公義會從死亡中釋放出來。一個人若過著聖潔公義的生活，那麼他生命中的一切都要蒙福，包括他的工作、財務、家庭和健康。當然，還是會有試煉，但他若是忠心奉獻，試煉將化為他的益處與資產。不論撒但對我們的攻擊有多麼劇烈、邪惡，神都能扭轉，使它為我們帶來益處。

神絕不會使義人挨餓，祂必供應義人的身體與靈魂。但祂會使惡者的財物散盡。我看過有人賭博致富，或是以其他不義的方式取得錢財，這種錢都會很快地在不知不覺中揮霍殆盡。你會覺得奇怪，他們怎麼可能那麼快就把錢花光了？這是因為他們是用不義的方式取得的。有些人是欺騙自己的事業夥伴，有些人則是用其他的方式欺騙或透過訴訟奪來的。不論他們是透過什麼方式得到這些財富，若不是誠實賺取，這財富就是受咒詛的。這家人將因此遭難，禍延好幾代，甚至連他們的家也會被邪靈所糾纏。魔鬼既在他們奪取財富和房子時助其一臂之力，為什麼不能和他們共用房子呢！

因貪婪奪得財富的，最後也會因貪婪而失去財富，因為有比他們更貪心的人，會把他們所擁有的都奪去。有時甚至是被他們自己的孩子奪走，因為孩子也從父母傳承了貪婪的靈，而這靈會在這個家族中世世代代傳承。

所以箴言提到「手懶的」（以欺騙的方式）會受騙以致貧窮；而手勤、誠實的將會壯大，神的祝福也會臨到他。以公義誠實待人的，總有祝福臨到，但邪惡並以殘暴度日的，則會為

自己帶來嚴厲的審判。他最終會惡名昭彰，因為他的生命墮落敗壞。然而義人留給後人的卻是蒙福的記憶，舉例來說，你可以比較摩西和希特勒，或者耶穌的母親馬利亞和耶洗別。

願我們渴慕靈裡的純淨，如此在我們離世之後，將會留下長久流傳的馨香美名。

第*52*天

多言的愚昧人使人遭難，義人以愛饒恕他人

讀經：箴言十章8～13節

從箴言十章8節到本章結束，神都在警告人們口舌會犯罪。祂指出不敬虔和愚昧的言語會招致何等大的傷害，多少生命都在舌頭的破壞之下被毀滅。以口舌傷害別人的，本身不見得是邪惡的人，他可能只是愚昧。然而，這是我們每個人都軟弱的一個領域。

「心中智慧的，必受命令；口裡愚妄的，必致傾倒。」（箴言十章8節）

對於什麼話該說、什麼不該說，有智慧的人心中有聖靈的

鑒察，如此一來就可以使身邊的人免去諸多愁煩；反之，言語愚妄的人則會引起許多麻煩。「愚妄」一詞在希伯來文中，同時有「推翻、打倒」的意思，確實如此，很多賣弄口舌的人煽動他人去對抗掌權者。他們使用愚昧的言詞，企圖推翻父母、教會或政府的權柄。

> 「行正直路的，步步安穩；走彎曲道的，必致敗露。」（箴言十章9節）

年輕人腳步安穩是一件美好的事。老年人走不平坦的路必須非常小心，因爲很容易跌倒！那些誤入歧途、生命扭曲不正的人是何等可悲，他們將令自己難堪，最終爲自己和家人帶來羞辱。誤入歧途者的步伐是容易傾跌的，他的道路充滿危險。

> 「以眼傳神的，使人憂患；口裡愚妄的，必致傾倒。」（箴言十章10節）

用眼神傳信號的就是那些狡猾、偷偷做壞事的人。他不敢公開與你對抗，卻在背後扯你的後腿。大衛王的禱告就說：「求祢不容那無理與我爲仇的向我誇耀！不容那無故恨我的向我擠眼！」（詩篇卅五篇19節）在這節經文裡，我們看到兩種人：一種人誠實正直，而另一種人則以狡猾邪惡對付旁人。

「義人的口是生命的泉源；強暴蒙蔽惡人的口。」
（箴言十章11節）

　　良善的人活出公義的生命，就像活水泉源一樣，就算離世許久，仍能使人生命更新並得到祝福。他隨時開口說的話都能帶出生命。然而內心充滿怒氣和暴戾之氣的人，口中則充滿暴戾的話語。

「恨能挑啟爭端；愛能遮掩一切過錯。」（箴言十章
12節）

　　是的，愛不僅能遮蓋他人的罪，也遮蓋那些傷害你、讓你憂傷的人。噢，我們多麼需要耶穌這樣的愛，它甚至澆灌在那些釘死祂的人身上！當祂被釘在十字架上，祂說的第一句話就是：「父啊！赦免他們；因為他們所做的，他們不曉得！」
　　耶穌這樣的禱告是出於一個充滿愛的心。愛是何等大有能力，只要他們願意悔改，一切罪都可以得到饒恕，否則他們將在永遠的罪中，因為他們犯了褻瀆神的罪。感謝神所賜的愛，這愛叫我們也能夠寬恕那些傷害或羞辱我們的人。
　　現在就求神以這份各各他的愛充滿你，這份愛是賜給凡與耶穌同釘十字架，並活出捨己生命的人。神在各各他山上賜下這份愛，這是人承受羞辱和流血痛楚之處。即使是將耶穌釘上十架、以殘忍的言語和行動羞辱耶穌的人，神都饒恕他。

「……無知人背上受刑杖。」（箴言十章13節）

鞭打是很有功效的，如果可以在孩子年幼時如此管教，可以使孩子日後不致走入歧途。這是聖經推薦的方法，讓我們都靜默遵從吧！

第 *53* 天

知識、訓誨和責備才是真正的財富

「智慧人積存知識；愚妄人的口速致敗壞。富戶的財物是他的堅城；窮人的貧乏是他的敗壞。義人的勤勞致生；惡人的進項致死。謹守訓誨的，乃在生命的道上；違棄責備的，便失迷了路。」（箴言十章14～17節）

「積存知識」意謂此人珍惜透過見識領悟的真理。前人畢生投入研究和學習，並將其成就留給世人，包括他們的著作、藝術創作、建築設計、音樂、機械和各種發明等等。生在今日的我們是很蒙福的，因為我們有字典、索引、辭典、百科全書、註解書籍等等，這些都是前人辛苦努力造福後人的成果。

有智慧的人不會把錢浪費在對靈魂沒有永恆價值的事物，但他卻樂意犧牲其他事物，使自己的書櫃充滿知識的珍

寶。他抓緊時間埋首閱讀。而愚妄人則是只要有人肯聽，他就終日叨絮，最後他將一無所得。而智者則可以帶著所得的知識進入天國，這就是爲什麼我們要背誦神的話語。

「富戶的財物是他的堅城；窮人的貧乏是他的敗壞。」（箴言十章15節）

在古老的年代，富人之所以能致富，都是因爲有窮人爲他工作，可能是爲他種田、挖礦，或在磨坊中工作等。如果富人失去了貧窮的勞工，就等於失去了致富的來源。他需要這些財富來建立鞏固自己的城堡。有些大地主對自己的工人或奴僕很好，但許多卻是殘酷無情的。絕不要用殘忍、不體貼又刻薄的方式對待那些犧牲自己來幫助你、爲你工作的人。

「義人的勤勞致生；惡人的進項致死。謹守訓誨的，乃在生命的道上；違棄責備的，便失迷了路。」（箴言十章16～17節）

凡事都有報應，每一個生命都結果子，有些結好果子，有些則結壞果子。公義度日的人就結公義的果子，他們給人生命的果子；但惡者則結出罪惡的果子，最終引致死亡，因爲罪的工價乃是死。你的生命結出什麼樣的果子呢？

義人之所以能夠行事公義，並結出帶來生命的果子，是因

爲他接受並存記訓誨。拒絕他人指正而走入歧途的，他們有時甚至不知道發生了什麼事，因爲他不知道什麼是對的，也不願意接受指正。

第 *54* 天

你的話語要使人得生命還是毀滅？

「隱藏怨恨的，有說謊的嘴；口出讒謗的，是愚妄的人。」（箴言十章18節）

有些人心裡恨你，表面上卻裝出友善的樣子。他們對你微笑、送你禮物、甜言蜜語，或是表現得好像很配合的樣子；但事實上他們總是毀謗你，在你的背上插上一刀。他們以爲自己騙了你，其實他們是在騙自己，因爲主必然會拆穿審判他們。所以你要在主裡安息，因祂必定保護你、爲你申冤，傻的人不是你，而是那個騙你的人。

「多言多語難免有過；禁止嘴唇是有智慧。」（箴言十章19節）

敬虔的人會選擇安靜退隱，其中的原因之一就是這樣他們

就不會犯下口舌之罪，說出以後會後悔的話。他們也拒絕聽那些小道消息、惡意中傷、挑剔別人、自滿，或是批評的話。

只要有兩個人在一起，就一定會因為多話而出問題。凡有口中言語之處就有罪。我們很多人都因為口中所出的話而讓神憂傷。撒但明白這一點，牠藉由基督徒的舌頭造成很多的傷害。

我們若能勒住舌頭少說話是明智的，這樣既能少傷害他人，也會少傷害自己。

「義人的舌乃似高銀；惡人的心所值無幾。」（箴言十章20節）

耶穌曾說：「……心裡所充滿的，口裡就說出來。」（馬太福音十二章34節）這就是為什麼義人的話語像銀子一樣。銀子象徵的是救贖。一顆得到救贖的心就能發出救贖的話語，將人的靈魂從憂傷和毀滅中拯救出來。

然而惡人的心卻毫無價值，所以他口中說出來的也是無用的話。有時候人不能去聽那些無謂的空談，不過很多神的兒女每天都花許多時間在電視機前，浪費寶貴的生命聽一些毫無意義的內容，真是令人遺憾！

「義人的口教養多人；愚昧人因無知而死亡。」（箴言十章21節）

　　義人的口可以餵養許多人，愚昧人卻因無知而死亡。我求神賜你智慧的口，使它成為多人靈裡得飽足的泉源——縱然在這個混亂無知的世界中，還是有人渴望追求神的義。

　　然而很悲哀的是，雖然主在曠野中預備筵席，並邀請所有人前來享受，但還是有很多人拒絕前來。因為他們恨惡天上來的嗎哪，寧可死在曠野中。

　　「耶和華所賜的福使人富足，並不加上憂慮。」（箴言十章22節）

　　當人享用了神豐富祝福的盛宴，他就蒙福再蒙福。神祝福的杯中不含憂慮的雜質，相反地，我們可與大衛同心宣告我的「福杯滿溢」，充滿神的祝福。當神祝福你的時候，這禮物是純淨的福分，並伴隨著神的同在。

　　你若從世界得成功昌盛，伴隨著它的是憂愁與苦痛。但如果有神的同在，就算魔鬼會威脅你要為成功付出代價，神給的祝福卻不加上憂慮。

　　神是美好的神！而我們是祂美好的兒女。

第 *55* 天

惡人必不長久

讀經：箴言十章23～30節

「愚妄人以行惡為戲耍；明哲人卻以智慧為樂。惡人
所怕的，必臨到他；義人所願的，必蒙應允。」（箴
言十章23～24節）

我們很多人在年輕的時候，都覺得惡作劇很好玩！但我
們卻因此帶給他人無謂的痛苦。我們惡作劇只為了看到對方生
氣、受驚嚇，然後我們捧腹大笑，還自以為聰明。現在當我們
回首，看看自己年少無知所做的事，會感到羞愧，如果可以有
重來的機會，我們絕對不會再做那樣的事。因為隨著年齡的增
長，我們長了知識也變得更有智慧，感謝神！

一個愛惡整別人的孩子，如果沒有學到功課、好好改
變，那麼他長大後只會變本加厲。之後為了怕被抓到，他只好
害怕地躲起來。最終他所懼怕的結局將會臨到——即使不在今
生，也必在死後臨到。

相反地，義人所願的必定會實現，因為他的內心不會自
責，他也相信神必應允他的禱告。因此不論他的生命經歷多少
艱難，他心中都有盼望。他是蒙福的人。

「暴風一過，惡人歸於無有；義人的根基卻是永久。」（箴言十章25節）

世界上不管再怎麼有能力的人都有離世的一天。他們就像是驟起的暴風，掀起塵土、帶來混亂、不斷迴旋，然後消失離開。它絕不會長久停留一處。當暴風臨到時會帶來破壞，但感謝主，它不會永遠久留。它一點好處都沒有。

然而義人就像永久的根基一般值得信賴。你無法將生命的根基立在暴風之上。試都不要試！如果和你結婚的人就像暴風，不要將家的根基建立在那人身上，因為他們今天還在、明日就消失無蹤。

然而義人卻是你的家和生命的根基，你們二人同心將成為多人的祝福。

「敬畏耶和華使人日子加多；但惡人的年歲必被減少。」（箴言十章27節）

對神的敬畏之心使人長壽。你如果過著敬畏神的生活，將能享有長壽。但惡人的年歲必減少，神使風暴速速前行。它只能停留一段時間、稍縱即逝。

「義人的盼望必得喜樂；惡人的指望必致滅沒。」（箴言十章28節）

因為義人的心中有屬神的平安，他擁有盼望和喜樂，而這喜樂就成為他的力量，「因靠耶和華而得的喜樂是你們的力量。」（尼希米記八章10節）惡人卻沒有未來（至少不會有好的未來），並且他心中所盼望的終將失落。

「耶和華的道是正直人的保障，卻成了作孽人的敗壞。」（箴言十章29節）

神的恩膏中有能力與健康，這就是為什麼很多敬虔的人都如此長壽。神的道路是你骨中的力量。義人的形象是榮上加榮！但作惡之人的前景卻是毀滅。

「義人永不挪移；惡人不得住在地上。」（箴言十章30節）

我們不必逃離這地去找平安。這地是屬於我們的，我們的天父為我們而造。祂絕不會將這地交在惡者的手中。我們或許會前去參加羔羊的婚宴，但我們一定會回來取回這地。

神絕對不會將新天新地交在毀壞這地的人手上。這地終將歸於我們，哈利路亞！

第 56 天

義人的話語帶出生命與祝福

讀經：箴言十章31～32節，十一章9節

「義人的口滋生智慧；乖謬的舌必被割斷。」（箴言
十章31節）

公平正義的人不論走到哪裡，都會為身邊的人帶來祝
福。他們滿有知識與智慧，所以當他們開口說話時，世人都要
靜默，因為他們的話語值得安靜聆聽。

人們已經失去了對真理與智慧的胃口，他們比較喜歡娛
樂。或許還是有一些人會對真理感興趣（如果那個真理是與他
個人利益有關的），但已經很少有人渴慕真理了，因為真智慧
中包含了對神的認同與敬畏。很多人都太驕傲，不願意對全能
者屈膝。真理會挑戰他們以神為生命的主宰。

「義人的嘴能令人喜悅；惡人的口說乖謬的話。」
（箴言十章32節）

義人對自己口中的言語一向謹慎，他們知道要在適當的時
刻說適當的話。

但愚昧人喜歡發言，以表現出自己的重要。

義人知道什麼話是可以說的，保羅曾寫信給哥林多教會說：「凡事都可行，但不都造就人。」（哥林多前書十章23節）

有時候我們有機會說出自己心裡的話，但說出這些話其實是不明智的。這時候我們最好不要發言，因為在這時候沉默是金。義人總是領受聖靈的察驗，聖靈不允許他們說出得罪他人或使聖靈憂傷的話；然而惡人的口舌就像臭水溝裡的水一樣，湧出汙穢、咒罵、嘲笑、批判、毀謗和咒詛。心中純潔的人常因為口出惡言的人受苦，因為那些人內心乖戾邪惡。聽到有人妄稱主名的時候，真是叫我們的心裡憂傷！我們絕對不會允許別人詛咒我們的父母、兒女或是配偶，但我們聽到有人妄稱主名的時候，卻默不作聲。親愛的，該是站出來抗議的時候了！

「不虔敬的人用口敗壞鄰舍；義人卻因知識得救。」
（箴言十一章9節）

很多人都被那些喜歡抱怨、說讒言和造謠的人所傷。有一些神僕就是被那舌頭的劍所「殺」。

這段箴言說到，以口敗壞鄰舍的是偽善者。他可能自以為義，但神稱他為惡。

然而，我們若是被「兩刃的劍」（神的話）所攻擊，那還是很有盼望的。因這劍使公義透過真理得以彰顯，使義人「因知識得救」。

是的，聖徒就算被惡人殘酷的毒舌所傷，還是會得到釋放。你如果因為別人的惡意中傷而受苦，請再次研讀這段箴言，並求神賜下智慧，在這試煉中引導你，使你從中得釋放。

第 57 天
詭詐的天平受到咒詛

讀經：箴言十一章1節，二十章10、23節

「詭詐的天平為耶和華所憎惡；公平的法碼為祂所喜悅。」（箴言十一章1節）

「兩樣的法碼，兩樣的升斗，都為耶和華所憎惡。」（箴言二十章10節）

「兩樣的法碼為耶和華所憎惡；詭詐的天平也為不善。」（箴言二十章23節）

一個人不誠實，他的心就向各種邪惡的靈敞開，包括貪婪、謊言、偷盜、欺詐、殘酷、詭計、虛假和貪愛錢財的靈。

若是使用騙人的天平，這人就是騙子。他在偷竊不屬於自己的東西。每一次當他用那個天平秤東西的時候，就是在騙

人。他使那個天平受到咒詛。

耶穌說：「因為你們怎樣論斷人，也必怎樣被論斷；你們用什麼量器量給人，也必用什麼量器量給你們。」（馬太福音七章2節）神也有天平，祂會用你對待他人的方式對你。對於那些不願意獻給神或施捨人的，天上的窗戶不會向他們敞開。

瑪拉基書三章10節說到：「你們要將當納的十分之一全然送入倉庫，使我家有糧，以此試試我，是否為你們敞開天上的窗戶，傾福與你們，甚至無處可容。」

很多人以封閉的心態面對他人，他們其實也封閉了天上的窗戶。

欺哄人的天平或法碼是神所憎惡的，如此欺哄的人其實是挪開了神的祝福，同時讓自己陷入險境。人若靠欺哄得到利益，那麼撒但就對他所得到的財物有權柄。這人是在為魔鬼做工，他也會從魔鬼那裡得到報酬——而這一切都會使人付上慘痛的代價。最終，所付的代價是不值得的。偷盜和欺騙都是不明智的。

第 *58* 天

驕傲和其慘痛的代價

讀經：箴言十一章2〜6節，十三章10節，十六章8節

> 「驕傲來，羞恥也來；謙遜人卻有智慧。」（箴言
> 十一章2節）

箴言有很多處都談到「驕傲」這個議題，我們要一一把它們找出來。

在這一節箴言中，我們學到一個人愈是驕傲，就愈容易陷在更深的羞恥中。驕傲的人將比謙卑的人受更多的苦。神因著憐憫，要將人從驕傲中釋放出來，就會使這人落到灰泥中謙卑自己，並使他留在那裡，直到神決定再次興起他為止。

但並不是每個人都願意接受神在他們生命中動工，有些人會因而感到憤怒、苦毒，甚至遠離神。

然而惟有謙卑的人才會接受神在他們生命中的作為，因為透過這樣的工作，他們將更加有智慧。

> 「驕傲只啟爭競；聽勸言的，卻有智慧。」（箴言
> 十三章10節）

驕傲的人不願意接受別人的規勸或糾正，就算是自己做錯了，也覺得自己是對的，而且感到志得意滿。這些人絕不承認自己也可能會犯錯。驕傲使人盲目，看不見真理，就算是事實擺在眼前，他也要爭辯下去。

　　而智慧人會接受建議和勸誡，因而得到更多的智慧。

　　「多有財利，行事不義，不如少有財利，行事公義。」（箴言十六章8節）

　　一個驕傲的人若是拒絕接受真理，就很難相信你所警告的危險。即使已經要一頭栽進地獄了，他往往還是不願聽從他人的警告。驕傲使他不願悔改，所以他的結局就是毀滅。

　　「心中貪婪的，挑起爭端；倚靠耶和華的，必得豐裕。」（箴言廿八章25節）

　　驕傲會讓人想要控制支配別人。拿破崙和希特勒就是驕傲的人。驕傲使他們覺得自己所向無敵，他們認為只有自己才是最偉大的。他們與多國爭戰，造成無數生命的喪失。他們不是愛好和平之士，他們不斷挑起爭端。心中充滿驕傲的人也是如此，他一心想要掠奪他人的榮耀和財富。

　　然而，相信神會供應一切所需的人，美善的神將會賜福給他們，而他們的偉大也將流傳直到世界的末了。

第 *59* 天

義人使邦國高舉，惡者卻毀滅全國

讀經：箴言十一章7～11節，十四章34節，十六章12節，二十章28節

> 「義人享福，合城喜樂；惡人滅亡，人都歡呼。」
> （箴言十一章10節）

主說我們是世上的鹽，這表示我們擁有保存、存留的能力，我們走到哪裡，那裡就得祝福。

當雅各為拉班工作，拉班知道自己蒙福是因為雅各的緣故。波提乏和法老也都知道，自己是因為約瑟而蒙福的。

當一個仁慈寬厚的好人過世時，全國的人都會一起哀悼；但是當惡人、殺人兇手、暴君、強暴加害者或是殘酷的獨裁者過世時，大家都會覺得鬆了一口氣，有人甚至會因此說：「感謝主！」因為沒有人想要與這樣的惡人共存於世。

> 「城因正直人祝福便高舉，卻因邪惡人的口就傾覆。」（箴言十一章11節）

神的祝福不只落在正直的人身上，整座城也因此被高

舉。不僅如此，整個國家也會因為有敬虔人住在其中而蒙福。然而當惡人掌控該地時，仇敵就能輕易擊潰這個國家。

在信徒被提之後，惡人將要執掌政權，遍地都要遭難。

「公義使邦國高舉；罪惡是人民的羞辱。」（箴言十四章34節）

英國在公義的君王維多利亞女王統治的時代，成為一個強大的帝國，其影響力遍及世界各地。然而當罪惡悄悄滲入這個國家，英國拒絕支援從納粹集中營逃往以色列的猶太移民，於是神的祝福就離開了大不列顛。英國開始失去殖民地，其他國家也來到英國，買去它的大企業、城堡和礦產。

我們這些所謂基督教國家的領袖們，需要回到聖經真理，明白我們的國家惟有歸回公義真理，才能被神所高舉、賜福和尊榮。

「作惡，為王所憎惡，因國位是靠公義堅立。」（箴言十六章12節）

這節經文不只是對國王說的，它也是給現在諸國的總統、首相，以及各種大大小小的領袖們，同時也是給牧師、宣教機構領袖、聖經學校的校長，以及各種基督教機構的領袖。很多領導人縱然滿有恩膏，但由於生命中的惡行與罪，在他們

的職位上都待不久，惟有敬虔才能建立寶座（指政權）。

當一個國家的領袖墮落時，他會把整個國家都一起拖下水。看看德國在希特勒過世後的那段時間！它整個都毀了。

「王因仁慈和誠實得以保全他的國位，也因仁慈立穩。」（箴言二十章28節）

大部分的國王都有很多敵人想要看到他們下台，凡身為領袖和掌權的也是如此。但如果他們願意施行憐憫（甚至對仇敵也是），同時行事誠實正直，他們的寶座將得以堅立。因為對人仁慈，人將以仁慈回報。不論我們用什麼量器量給別人，別人也會用相同的量器量給我們。

要記得，身為一個領袖，你有一天也會需要他人的憐憫。而你過去給人多少憐憫，此刻就會得到多少回報；你如何包容接納了別人的軟弱，神也會同樣包容接納你。

第 *60* 天

與人維持和睦的關係

讀經：箴言十一章12節，十七章27～28節

「藐視鄰舍的，毫無智慧；明哲人卻靜默不言。」
（箴言十一章12節）

你的鄰舍如果恨惡你，老是找你的麻煩，你要明白，他實在是缺乏智慧，且心中也無仁慈。

你的鄰舍如果對屬神的事不感興趣，你很難改變對方，惟一能做的就是與其維持和平的關係，不要與他爭辯！甚至不要和他走得太近，離他愈遠愈好。

「寡少言語的，有知識；性情溫良的，有聰明。」
（箴言十七章27節）

莎士比亞在「哈姆雷特」一劇中曾寫道：「用耳朵傾聽，不必多言。」

在這節經文中，神教導我們如何才能有智慧——我們不是因為所說的話，而是因為閉口不說使我們成為智者！

人們已經說太多無用的閒話了！毫無疑問，以前的人就是

因為發現了多言的罪，所以才進入修道院，立誓要安靜修道。不過這也不是問題的答案，因為如果完全閉嘴就能夠討神喜悅，那麼神當初應該把人造成啞巴，像動物一樣。

神造我們能夠說話，是為了讓我們能讚美神、與人溝通、激勵他人並表達愛，給我們說話的能力，也是讓我們能夠勸勉教化他人。

但我們必須要有智慧並謹慎地運用話語的恩賜。

擁有美好靈命的人，可以藉由智慧的話語來服事他人。主能使我們有智慧，並幫助我們透過說出口的話，將智慧展現出來。

> 「愚昧人若靜默不言也可算為智慧；閉口不說也可算
> 為聰明。」（箴言十七章28節）

就算你不是很有智慧，也可以看起來有智慧。在爭執辯論的當下，能與人和平共處的，這人便是有智慧。爭論總是沒完沒了，任何愚蠢的人都能夠爭辯回嘴。惟有心思清明、自我節制的人，才能在爭論的時刻保持安靜。

閉上嘴！當爭論帶來憤怒與傷害時，不要再加入其中。保持和睦的就必蒙福，因為耶穌說：「使人和睦的人有福了！因為他們必稱為神的兒子。」（馬太福音五章9節）

第 *61* 天

小心搬弄是非的人

讀經：箴言十一章13節，十八章8節，二十章19節

「往來傳舌的，洩漏密事；心中誠實的，遮隱事情。」（箴言十一章13節）

如果有什麼是神極其恨惡的，那麼除了懶惰之外，應該就是往來傳舌的人。神不喜愛造謠生事的人。我們若明白神對於散布謠言、搬弄是非的人是多麼憤怒及不悅，我們對於鄰舍的罪就會更謹慎地閉上嘴，不去揭露和討論。

對於某些邪惡卑劣之人，我們要警告身邊的人小心他們，才不會受騙上當。我們需要警告晚輩小心這些危險分子。但若是到處散播屬神之人的私事（不論真假），這人的靈魂將陷入危險，並會對基督的教會造成傷害。

「傳舌人的言語如同美食，深入人的心腹。」（箴言十八章8節）

我們的身體若受傷就會有傷口，心靈也是。身體的傷口只要有好的醫療照護，通常都可以痊癒，但只有神能夠醫治我

們心靈的傷口；一般的醫院醫不好心靈所受的傷，任何醫生或護士都沒有辦法為我們內心的痛苦止痛。許多內心受傷的人，性格變得苦毒易怒，這對他的一生和周遭的人都帶來很大的影響。他如果任由不饒恕的靈繼續抓住自己，那麼這靈就會在他後代的生命中生根，最後不饒恕和苦毒的靈就成了世代的咒詛，可以自父及子流傳好幾代。

絕不要讓自己走進這種不饒恕的咒詛。主因著告密者的讒言承受了殘酷的傷害，但祂最終饒恕了他們，因為祂不希望不饒恕的靈一直糾纏著自己和祂的屬靈兒女（你和我）。

惟有祂能夠幫助你饒恕。

「往來傳舌的，洩漏密事；大張嘴的，不可與他結交。」（箴言二十章19節）

有些人總是想和你分享屬神之人的「祕密」。你要留心這些人，拒絕當一個「垃圾桶」，去收納告密者攻擊神兒女的毀謗和私密訊息。

不要和那些大張嘴、欺騙誘惑的人混在一起。在希伯來文中，「大張嘴」用的是*pathah*這個字，意思是「誘惑、欺騙、慫恿、說服、奉承」。

愛傳話的人通常會透過奉承的靈來欺騙誘惑你。你覺得有人信得過你、要告訴你祕密因而沾沾自喜，結果自己也成了讒言和毀謗的一分子。

不要落入陷阱！你如果感覺某人喜歡搬弄是非或閒言閒語，不要一起瞎攪和，這些人會玷汙你純潔的靈魂。

第62天
眾人彼此同心，就可以展開行動了

讀經：箴言十一章14節，十二章15節，十三章10節，二十章18節

「無智謀，民就敗落；謀士多，人便安居。」（箴言十一章14節）

一個國家或教會如果只由一位領袖來領導，這是很危險的，因為每個人都有可能會犯錯，沒有人是永遠不犯錯的。驕傲可能讓人犯下可怕的錯誤，所以主警告我們：「無智謀（指引、指導、規畫、良好的建言），民（指一國之民或是全世界）就敗落。」

「敗落」在希伯來文中是*naphal*，意指「沮喪、消失、居劣勢、退縮、毀滅」。

由於一些不智的決策和帶領，很多國家因此陷入混亂的狀態。羅波安登上以色列的王位之後就是如此，他聽信那些缺乏經驗、在富裕家庭中受寵愛的年輕人的意見，卻不顧那些曾在他父親身邊的智者的建言，結果國內發生叛變，以色列從此一

分為二（參考列王紀上十二章1～16節）。

多有謀士可以使國安全，謀士可以在困境中提供安全、協助和解救。當一群策士齊心努力，在領導者的背後給予建議、協助、支持，必要時加以糾正的話，就能幫助國家戰勝仇敵。

絕不要太驕傲或是羞於向他人請益。

「愚妄人所行的，在自己眼中看為正直；惟智慧人肯聽人的勸教。」（箴言十二章15節）

自認為永遠都是對的人是愚妄的，我們需要向可以信賴的人尋求幫助與建議。聖靈有時候會感動較有智慧、年長或更有經驗的人來提醒我們，我看過很多人因為不願意聽從，而毀掉自己的一生。若不是因為他們執意去做自以為對的事，有很多悲劇原本是可以避免的。

執意固執的性格有時候會使人盲目，看不清什麼才是對的、什麼才是最好的。固執的人不肯接受導正或建議，這對他的靈魂也會造成傷害，驕傲使人無法接納好的意見。

「驕傲只啟爭競；聽勸言的，卻有智慧。」（箴言十三章10節）

羅波安和那些年輕策士的驕傲，對以色列造成了無可挽回的混亂。然而願意尋求可信賴建言的領導人才是有智慧的。

「不先商議，所謀無效；謀士眾多，所謀乃成。」
（箴言十五章22節）

眾多謀士若能同心合一，就必產生力量。當你擁有一群同心協力的謀士幫助你時，就擁有成事的能力；但你若想靠自己一人的力量，結果必是挫敗。

「計謀都憑籌算立定；打仗要憑智謀。」（箴言二十章18節）

經文中的「計謀」在希伯來文中是machashabah這個字，它的意思是「目的、手段、巧妙精巧的設計、人為的設計、防禦、機械打造」的意思。

耶穌說：「或是一個王出去和別的王打仗，豈不先坐下酌量，能用一萬兵去敵那領二萬兵來攻打他的嗎？」（路加福音十四章31節）

你在建造、出兵打仗、籌畫大型活動，或是投入某項事業之前，一定要找可以給你忠告和建言的人，從他們那裡吸取智謀。等你確定符合神的心意後，才可以捲起袖子展開行動。

第 *63* 天

為人作保是違背神的話語

「為外人作保的，必受虧損；恨惡擊掌的，卻得安穩。」（箴言十一章15節）

　　為人作保是很危險的事，就算是看起來最牢靠的狀況，也不要輕易相信。在我多年走訪世界的經驗中，曾看過很多人失去所有，只因為簽了名替人作保，儘管擔保對象所經營的事業看起來是非常穩當的。

　　我們在作保前要先省察自己的動機。我們是為了要快速賺錢、為了贏得某人的愛，還是因為我們沒有拒絕對方的勇氣？

　　神恨惡這種以保人來為欠債者負責的遊戲規則，因為祂知道有多少無辜的人（尤其是寡婦）被人遊說作保後，造成無可挽回的損失和痛苦。

　　下次如果有人找你作保，告訴對方這是神所不允許的事，你不想讓神不喜悅，也絕不做神所恨惡的事。

「在鄰舍面前擊掌作保乃是無知的人。」（箴言十七章18節）

如果希律王讀過箴言的話，他可能就不會起誓，承諾希羅底的女兒要求什麼都送給她，作為跳舞的獎賞。

當她（被她邪惡的母親希羅底所煽動）要求要砍下施洗約翰的頭時，希律王對於自己的愚蠢和倉促所給的應許感到後悔，但因為他已經當著眾人的面起誓了，所以沒有勇氣收回自己愚妄的承諾。因此生日派對的收場就是端出血淋淋的人頭，這最後的甜點一定讓賓客們倒足了胃口。

希律王是一個缺乏智慧的人，之後在卡利古拉大帝的統治下，他被驅逐到位於今日南法的一個羅馬殖民地。希羅底邪惡的野心造成了希律的羞辱與衰敗。

第 *64* 天
才德的婦女是「以色列之母」

「恩德的婦女得尊榮；強暴的男子得資財。」（箴言十一章16節）

經文中的「恩德」在希伯來文裡是 chen 這個字，它的意思是仁慈、和藹、美好、恩惠善行、珍貴、和悅之意。

根據這個字的定義來看，她不只是和藹親切，同時也是仁慈、和悅、珍貴，並擁有美好的內在。

這樣的婦女將得到尊貴和榮耀，和希羅底的下場完全相

反。這恩德婦女的名字會在歷史上傳揚下去，眾人都知道這位偉大的女子以自己的生命祝福了世人。

總要努力作一個有恩德的人，如此一來，你將得到尊貴與榮耀。強悍的人會得到資財，但財富永遠都比不上尊貴和榮耀。

「才德的婦人是丈夫的冠冕；貽羞的婦人如同朽爛在
她丈夫的骨中。」（箴言十二章4節）

才德的婦人擁有許多高貴的美德。「才德」一詞的希伯來文是chayil，它的前兩個字母在希伯來文中有「生命」的意思。才德的婦人擁有生命之禮——甚至是豐盛的生命。這個奇妙的字還有其他美好的定義，像是「能力、英勇、力量與軍隊」。有才德的婦女就像一支軍隊一樣，在雅歌六章4節中，也是這樣描述基督的新婦：「我的佳偶啊，你美麗如得撒，秀美如耶路撒冷，威武如展開旌旗的軍隊。」

才德女子的性格有強大的力量可以影響他人，她毫無懼怕，內在充滿了勇氣，而且因為她是丈夫的「冠冕」。「冠冕」的希伯來文是atarah，它指的不只是王冠，還有「以色列女子」的意思，而一位敬虔的以色列女子就是「以色列之母」（參考士師記五章7節）。

底波拉說：「以色列中的官長停職，直到我底波拉興起，等我興起作以色列的母。」（士師記五章7節）

男子的妻子若為以色列之母，這真是從神而來的祝福和尊榮，他的妻子是他的榮耀與「冠冕」。

　　然而無德的婦女會為丈夫的人生帶來羞辱與失望，他做任何事都會不順利，而最終她將成為丈夫骨中的腐爛，因著她所帶給丈夫的諸多挫敗，她丈夫的身體最終必會受到傷害，因為負面情緒會引起各樣的疾病。

　　但願我們作妻子的，能成為屬神的真女子，為丈夫帶來祝福而不是咒詛。

第65天
仁慈之人與惡人的差別

讀經：箴言十一章17～21節

　　「仁慈的人善待自己；殘忍的人擾害己身。」（箴言十一章17節）

　　當你仁慈待人的時候，自己一定會得到好的回報，因為你如此待人的時候，自己的內在也會感覺很好，所以你祝福別人的同時，自己也會蒙福。無論對方是否配得，當你同情憐憫他人，在你需要的時候，神也會同樣的同情憐憫你，而人都一定會有需要憐憫的一天！當我們站在神的寶座前時，人人都需要

神的憐憫。

但殘酷的人將毀滅自己的靈魂，比起因他而受苦的人，他自己會受到更大的傷害。

「惡人經營，得虛浮的工價；撒義種的，得實在的果效。」（箴言十一章18節）

殘酷的人是惡人。他不按十誡的命令而行，不愛鄰舍如己，也不愛神，與人相處滿是欺詐。他對別人、對妻子、孩子甚至自己都說謊話。因為他完全受到謊言之父的掌控，所以行事盡是欺哄。他一切行事的目的就是去騙下一個受害者，誠實不是他的生活原則。

而另一方面，以公義播種的人雖然不見得永遠都能得到最好的結果，但他必要得到永生裡的獎賞。他在世上行善的同時，天上的獎賞已經為他存留。

「恆心為義的，必得生命；追求邪惡的，必致死亡。」（箴言十一章19節）

義人的獎賞就是得到在永生君王面前永恆的生命。他一切仁慈與良善的行為都使他永恆的獎賞大大加增。

但是一心追求邪惡之事的惡人，他真正抓住的其實是自己的死亡和毀滅。他就像一個人追著老虎跑，最終只會被撕裂吞

吃；或是像玩蛇的人一樣，最後只會被蛇咬。

「心中乖僻的，為耶和華所憎惡；行事完全的，為祂
所喜悅。」（箴言十一章20節）

人的行為可能惹神憤怒，或者得神的喜悅。我禱告祈
求，希望你們的行事為人都能叫神喜悅。

「惡人雖然連手，必不免受罰；義人的後裔必得拯
救。」（箴言十一章21節）

在我們所處的世代中，來自不同國家的人們可能在不同
的理念下彼此攜手合作。這不只是謝飯禱告時、教會或社交聚
會時的彼此攜手。人們為了不同的願景而結盟，有些人是為了
崇高的理想，而有些人則是為了邪惡的目標。目前世上結聯的
趨勢是前所未有的，這樣的結盟使志同道合的人擁有更強的力
量。甚至原來彼此厭惡或看法不同的人都彼此聯結。

但神說時候將到，神要懲處作惡的世人。審判將要臨
到，不論什麼樣的聯盟在神的面前都是無力的。

第 *66* 天

不論好壞都會傳給後代

讀經：箴言十一章21節，十三章22節，十七章6節，二十章7節

> 「惡人雖然連手，必不免受罰；義人的後裔必得拯救。」（箴言十一章21節）

惡者犯罪應受的懲罰，常會落在兒女的身上。當含得罪了父親挪亞，受咒詛的並不是含自己，而是含的兒子迦南（參考創世記九章24～25節）。

我們所接納進入生命的魔鬼勢力，可能會傳給我們的兒女——除非神因著敬虔父母的禱告而加以介入。從父親所傳下來的罪，可能因著母親公義的遺傳而被抵銷，反之亦然。神說父親或母親所行的惡，帶來的咒詛會延續好幾代，但神已經應許要救我們的兒女脫離苦難。

> 「善人給子孫遺留產業；罪人為義人積存資財。」（箴言十三章22節）

希望父母們能夠真明白，他們傳給後代的不只是遺產，也包括他們的為人！公義的父親保障了孩子的福祉，母親也是如

此。保羅給哥林多教會的書信寫道：「因為不信的丈夫就因著妻子成了聖潔，並且不信的妻子就因著丈夫成了聖潔。不然，你們的兒女就不潔淨，但如今他們是聖潔的了。」（哥林多前書七章14節）他說的似乎就是這個真理。

敬虔父母所擁有的屬靈權柄是超乎我們想像的。

「子孫為老人的冠冕；父親是兒女的榮耀。」（箴言十七章6節）

子孫能帶給祖父母無可比擬的榮耀。我深知這一點，因為我有六個出色的孫子女。

即使祖父母已經離世到天家，世人還是可以從子孫身上看到祖父母的美好。

冠冕象徵著榮耀與權柄。若有人的子孫活出公義可誇的生命，他們就尊榮了自己的先祖。並且，「父親是兒女的榮耀」。

一個世代中若有許多父親離棄家庭、拋棄兒女或不供養他們，整個社會都會因這些無父的孩子而受苦。孩子們沒有父親，誰可以作他們生命的榜樣？這些可憐的孩子沒有父親的愛、教導、訓練或照顧，他們所受的苦遠超過我們所能理解。

如同經文所述，父親是兒女的榮耀，但人如果沒有父親，那麼他的生命中必定會缺少某種榮耀。這樣的傷害會在孩子的一生中留下傷痕。惟有當孩子們尋得神作他們的父時，這

傷才會痊癒。

「行為純正的義人，他的子孫是有福的！」（箴言二十章7節）

罪惡的先祖會使後代遭到咒詛。然而誠信、公義、良善的父母，卻會為後代帶來源源不斷的祝福。

當我們領會到，先祖的罪惡或公義都會傳給後代，我們就要審慎選擇自己婚嫁的伴侶，考慮誰要來作自己孩子的父親或母親。因為我們透過血脈傳給孩子的，不是祝福就是咒詛。

然而，儘管有這些經文和提醒，我們知道耶穌的寶血可以破除一切的咒詛，並除去從天然血脈而來的惡。哈利路亞！

第 67 天

美麗的女子若無見識，
就像把金環帶在豬鼻上

「婦女美貌而無見識，如同金環帶在豬鼻上。」（箴言十一章22節）

財富和美女是大部分男人最渴望得到的兩件事，很多人寧可出賣靈魂來得到。這兩者對人的靈魂有一種吸引力。不過你

若仔細分析，他們到底有多少價值呢？你離世的時候，這兩樣一樣都帶不走！

　　一個女人若徒有美貌，卻沒有見識和判斷力，會讓男人的一生過得很悲慘。把金環帶在豬的鼻子上有什麼益處呢？完全沒有！簡直就是浪費金錢，毫無道理可言。這是在浪費珍貴的東西。

　　這裡談到的是沒有見識的婦女。「見識」這個詞在希伯來文中為*ta'am*，它的意思就是「沒感覺、不會判斷、缺乏良好的判斷力」。

　　一個王子如果只憑美貌來選擇新娘，這實在是個愚蠢的錯誤。倘若她對自己應盡的王妃責任毫無概念，那麼她會為王子的生命帶來許多煩惱和羞辱。

　　當一個美麗的女子走進一個房間裡，會立刻成為眾人的焦點，所有人的目光都集中在她身上。只要她在房間裡，男男女女都會盯著她看。他們對這女子的期望會比一般女人高，她會贏得大家的欣羨愛慕。但如果她既不優雅又沒禮貌，如果她對其他賓客表現粗魯、嗓門很大又尖酸刻薄，大家馬上就會討厭她。原先喜歡她的人，會開始對她充滿敵意，很快地大家會想要避開她。

　　真正的美是從內心發出的，我常說：「美的行為舉止才是美！」

　　豬是一種不潔淨的動物，美貌婦人的生命若是不潔淨、不聖潔，凡她所接觸的人，生命也都會被玷汙。

我的弟兄啊！我要告誡你，不要被女人美麗的外在所誘惑，要觀察她靈魂深處真正的美。

第 *68* 天

神會實現你的夢想

「義人的心願盡得好處；惡人的指望致干忿怒。」

（箴言十一章23節）

如果你愛神且行事正直，那麼在你內心深處會有一種穩妥的確據，不管現在的環境有多糟，最後神都會叫萬事互相效力使你得益處。這是因為神已在祂的兒女心中賜下盼望。

盼望是一件美好的禮物，只要心中有盼望，你就可以忍受困境存活下來。人們就是在失去盼望的時候，會陷入瘋狂或想要走上絕路。因為你沒有什麼可指望的，失去了盼望就沒有了明天。

若有什麼事比毫無盼望更糟糕，應該就是面對即將到來的毀滅厄運以及神的憤怒。這是所有惡人都要面臨的，因為「惡人的指望致干忿怒」。

你是否也曾經感到疑惑，為什麼那些惡人傷害了那麼多人，卻可以「逍遙法外」？其實他不明白，審判的日子終要來臨，這是無庸置疑的，因為惡人所要面對的就是神的憤怒。

「所盼望的遲延未得，令人心憂；所願意的臨到，卻是生命樹。」（箴言十三章12節）

「所盼望的延遲未得」，我們所盼望的常常會延後到來。長久等候所盼望的是很困難的事，不過我們的主卻讓祂的新婦經歷等候的試煉。雅歌中的新婦就說：「耶路撒冷的眾女子啊，我囑咐你們：若遇見我的良人，要告訴他，我因思愛成病。」（雅歌五章8節）她熱切期盼著良人的到來。

我們也在盼望中等候著我們所愛的那一位再來，但有時候會覺得，我們似乎已經等很久了！就像雅歌中的新婦一樣，我們也說：「我因思愛成病了。」

所盼望的延遲未得是很令人心裡難受的，我們的滿心期盼大受煎熬。

不過，感謝神！當我們所期盼的那一位降臨時，祂將成為我們的生命樹，而我們將在祂榮耀的同在中歡慶到永遠！

「所欲的成就，心覺甘甜；遠離惡事，為愚昧人所憎惡。」（箴言十三章19節）

達成自己的目標時，會有一種很大的成就感，你會想要站在桌子上大聲喊叫：「成功了！我做到了！」你可以在奧運得獎者的臉上看到那樣的表情，尤其是金牌得主。人們在自己一生的夢想中，投注了努力、專一、訓練和不斷的練習。

保羅就嚐到了任務完成的甜美滋味，他一生的目標已經達到了，在他寫給提摩太的最後一封信中，就大聲歡呼的說道：「那美好的仗我已經打過了，當跑的路我已經跑盡了，所信的道我已經守住了。」（提摩太後書四章7節）

他完成了心中所渴望的，靈魂深處嚐到了滿足的甜美。事實上，他嚐到的是雙重的甜美，因為他不但達成了自己所渴望的，還得以與多年來他所服事的那一位面對面站立。

第 *69* 天
要怎麼收穫先怎麼栽

讀經：箴言十一章24～28節

> 「有施散的，卻更增添；有吝惜過度的，反致窮乏。」（箴言十一章24節）

農夫一定要先播種，日後才能有收穫。種子撒得愈多，收穫的作物也就愈多。但如果他把種子握在手中不放，就只會愈來愈窮。

把種子都吃掉的農夫更是錯上加錯了，但是有太多屬神兒女把原該屬於神的「種子」吞掉了，這就是為什麼他們無法昌盛的原因。神說了初熟的果子是屬於祂的，我們如果吞了這果

子，就等於是毀了自己的生計。

不誠實的掌握會為人招致貧窮。

「好施捨的，必得豐裕。」（箴言十一章25節）

經文中的「豐裕」原文是fat，而希伯來文則是dashen，它的意思就是「得豐富餵養、昌盛、大有能力」。

慷慨的人會釋放出一種施予的靈，這靈會反過來祝福施捨的人。這裡的豐裕指的就是得餵養、掌權、昌盛、有能力。希望神的百姓能夠明白「慷慨施予的必蒙祝福」這個觀念！給神的永遠不會太多。耶穌說：「你們要給人，就必有給你們的，並且用十足的升斗，連搖帶按，上尖下流地倒在你們懷裡；因為你們用什麼量器量給人，也必用什麼量器量給你們。」（路加福音六章38節）這就是屬天的法則。

「……滋潤人的，必得滋潤。」（箴言十一章25節）

水是最珍貴的生活必需品，若是沒有水，生命就會枯萎。我們都會想要掌握住珍貴的東西。然而神在此應許我們，我們要釋出珍貴的事物去滋潤他人，如此，我們也必得滋潤。

神的話語就像生命中的水，是非常寶貴的。當我們釋放出神的話語，自己也會得到滋潤！我們可以用小朋友拿水管彼此噴水來作比喻，當他們全力向朋友射水的時候，自己也一定會

濕透。我們傳講、教導和分享神話語也是這樣！

> 「屯糧不賣的，民必咒詛他；情願出賣的，人必為他
> 祝福。」（箴言十一章26節）

　　面臨饑荒的時候，貪心的商人總是會緊握資源，把食物和水都囤積起來，以便在出售的時候獲取暴利！這樣做的人會遭到咒詛。

　　我很擔心有些農人被唆使不要耕種，以便哄抬物價。在世界上各處都有饑荒的今天，這樣做是很貪婪的！

　　我們的國家和農人不會因此受到咒詛嗎？神已經祝福了西方國家，使我們成為豐收的富饒之地，我們不該將神賜給我們的沃土變成荒地，然而很多地方現在都是這樣。我看到這種情況心中充滿憂傷，因為我同時也看到有很多國家仍處在饑荒之中。

> 「懇切求善的，就求得恩惠；惟獨求惡的，惡必臨到
> 他身。倚仗自己財物的，必跌倒。」（箴言十一章
> 27～28節）

　　我們要竭力助人，因為如此行將得到神的喜悅和祝福。雖然神祝福我們，使我們昌盛，但是我們要小心，不要一心追求自己的財富或利益。我們要單單信靠神，就能像枝葉一樣繁茂旺盛。

第 *70* 天

不要擾害己家

讀經：箴言十一章29節，十五章27節

「擾害己家的，必承受清風。」（箴言十一章29節）

　　把罪帶進家中的人會毀了整個家庭，此人會「承受清風」。擾害己家的途徑很多，你可能是誤信惡人，把他們引進家中，或者你找錯人當生意夥伴，又或者在神所託給你的服事機構中，把不適當的人擺在錯誤的位置。

　　我們真的需要有好的分辨能力，因為我們的決定一不小心就會「擾害己家」。我們都曾經做過這樣的事，而當我們無助地站在那裡，眼見多年來努力的成果隨風散去的時候，心中真是充滿了懊悔。

　　另一個會造成「擾害己家」的行為，就是以言語詆毀我們的家人或是同事。只有笨鳥才會損壞自己的巢！就算你身邊親近的人讓你吃了苦頭，你也要安靜閉嘴，說太多恐怕只會害了自己的生活；只有當你的生命真的面臨危機，才該去找一個信任的人分享你心中的恐懼。

　　皇族若是對記者說出自己受的傷害，他們就是陷入暴風之中，對家族帶來莫大的羞恥。

「……愚昧人必作慧心人的僕人。」（箴言十一章29節）

如果你有智慧的話，就會被賦予領導者的地位，但你若是愚昧（口舌太快、擾害己家），就會被放在沒有光彩的僕人的位置。

「貪戀財利的，擾害己家；恨惡賄賂的，必得存活。」（箴言十五章27節）

被貪婪的魔鬼所掌控的人，總是伸手偷盜、愛說謊，或以不誠實的方式獲取財利。因為他以不誠實的方式取得財產，他的財物也會受到咒詛。就如亞干，他偷了一件示拿的衣裳，就連累了所有的以色列人（參考約書亞記七章16～26節）。

奪取不義財物的會為自己、家人和國家帶來咒詛，他可能看起來一時得意，逍遙法外，但最終必要面對莫大的苦難、痛苦及永遠的死刑。

第71天

分享生命樹的果子，
你將得到永遠的喜樂

「義人所結的果子就是生命樹；有智慧的，必能得人。」（箴言十一章30節）

生命樹是最珍貴的一種樹，神在伊甸園中為亞當和夏娃種了這種樹，他們若吃這樹的果子，就能得到永恆的生命。但在他們犯罪之後，神將他們逐出伊甸園，以免他們吃生命樹的果子，永遠在罪中活著（參考創世記三章24節）。

神並沒有毀滅生命樹，祂只是禁止人再去吃它的果子，而且把這樹移植到天堂去。

在箴言中，我們發現義人所結的果子就是生命樹。耶穌是惟一真正完全公義的人，當我們接受祂、有分於祂的生命，就能夠再次得到生命樹的果子。

當我們將所贏得的靈魂帶到祂面前，他們就得以領受生命樹的果子，所以經文才說：「有智慧的人，必能得人。」

我們因著基督成為義，並活出義的樣式，就得以吃生命樹上的果子，並能分享果子給那些原先在罪中、必死的人。

為基督贏得靈魂是世上最大的喜樂。看到有人從黑暗的國度被奪回，得以進入生命、光明、永生的國度，真是何等蒙福。當我們看到所愛的人回轉歸向基督，心中就充滿了難以言喻、大有榮光的喜樂。

當有人重生時，連天上也要與我們一同歡慶這奇妙的大勝利。就算是一個靈魂得救，天上的天使也會與我們一同慶祝。

當我們離開這個世界時，我們在世上所得到的一切都不能帶走。但是我們為基督所贏得的靈魂，則可以與我們同在到永遠。他們在天上會多麼感謝我們啊！

為基督贏得靈魂的人是大有智慧的，他不是為地上的收穫

而勞力，乃是為了永恆中的喜樂。

第72天

我們死後將按照行為得到報償

讀經：箴言十一章31節，十三章21節，十四章32節

> 「看哪，義人在世尚且受報，何況惡人和罪人呢？」
> （箴言十一章31節）

是的，我們所做的一切都會得到報償，作惡的罪人和惡人也是一樣，每個人都會按所行的得到後果。

> 「禍患追趕罪人；義人必得善報。」（箴言十三章21節）

罪人很難改頭換面，因為罪會緊追著他們。若想要得到保護，避開捆綁我們、毀滅我們靈魂的魔鬼，惟一的方法就是躲在寶血的遮蓋下。

惟有生活在並藏身在基督裡，在神裡面，我們才能夠安全逃離罪惡的可怕誘惑（參考歌羅西書三章3節）。

很多罪人也厭惡自己的罪和生活中的惡行，他們其實也想要改變，但就是做不到。因為人不可能靠自己的力量去改變成

為義，惟有耶穌的寶血才有能力勝過罪惡。

> 「惡人在所行的惡上必被推倒；義人臨死，有所投靠。」（箴言十四章32節）

罪人過世之後，邪靈會將他的靈魂帶到陰間，在那裡無處可逃。他必須永遠聽從邪靈，因為他的靈魂已在牠們的掌控下。聖經中已經清楚表明，我們讓誰作我們生命的主宰，我們就是它的奴僕。保羅告訴羅馬人：「豈不曉得你們獻上自己作奴僕，順從誰，就作誰的奴僕嗎？或作罪的奴僕，以至於死；或作順命的奴僕，以至成義。」（羅馬書六章16節）

第73天

受管教之人的生活有紀律 並蒙神祝福

讀經：箴言十二章1～4節

> 「喜愛管教的，就是喜愛知識；恨惡責備的，卻是畜類。」（箴言十二章1節）

因為管教常常是違背個人意志的，所以願意接受管教的人

並不多。惟有渴慕真理、心懷謙卑的人，才願意接受別人的指教。此處的「管教」在希伯來文是muwcar這個字，它的意思是「指教、糾正、懲罰、紀律、自治、限制」。

對於父母因孩子的錯誤行為而加以處罰，這個世代是不以為然的，他們甚至禁止父母這麼做。結果由於缺乏管教，整個教育系統也陷入危機。孩子在長大的過程中不受控制，而長大之後也不懂得如何自我控制。他們的婚姻破碎，兒女失去了快樂生活的必要基石，過得一代不如一代。

缺乏適當的糾正與管教，會使孩子變得野蠻、被慣壞、不受教。

> 「善人必蒙耶和華的恩惠；設詭計的人，耶和華必定他的罪。」（箴言十二章2節）

善人不見得都是受歡迎的，但他會得到神的恩惠。擁有神的恩惠是很寶貴的一件事，這表示神喜悅這個人，會對此人有慈愛與恩典，並且接納他、與他同在。

但殘酷的惡人絕得不到神的喜愛。神是鑒察人心的，祂看得出詭詐人心的計謀。人在神面前什麼都藏不住。

所以神會定他的罪。神的定罪是很可怕的，「定罪」一詞在希伯來文是rasha，意思是「判為有罪、判決、邪惡不容於神的、犯法有罪的」。所以你看到，行事邪惡的人將面臨可怕的結局。人現在的行為決定了自己將來的命運。聖經學者蘇必諾

（Spiros Zodhiates）曾說：「這樣的人整個生活型態與神的律完全背道而馳。」惟有透過真心悔改、認罪和祈禱，生命才得以翻轉。

「人靠惡行不能堅立；義人的根必不動搖。」（箴言十二章3節）

罪人和惡人是將自己的房屋建在沙土上。無論他們如何大力吹噓自己的能力，當風暴臨到，這房子都必崩塌。

然而讚美主，敬虔的人扎根又深又穩。他們要像大王椰子樹一樣深深扎根站立。哈利路亞！

第 74 天
義人安妥無慮

讀經：箴言十二章5～9節

「義人的思念是公平；惡人的計謀是詭詐。」（箴言十二章5節）

聖靈會管理義人的意念，所以他所想的盡都公義。當人親近神時，聖靈就會把屬神的意念放在他們的心靈和意志中。

但被邪靈轄制的人，則聽從魔鬼對他們所說的話，一步步偏離真道。他們所接受或給予他人的建議都是虛謊，因為他們所思所想都不是以真理為根基，而是從撒但、謊言之父來的。

「惡人的言論是埋伏流人的血；正直人的口必拯救人。」（箴言十二章6節）

雖然惡者一心籌畫要毀滅義人，但神已經應許要拯救義人，所以惡者的計畫是不會成功的。

拯救的意思就是他們能夠避開惡者的計謀。神的話也說明了他們是怎麼被拯救的：「正直人的口必拯救人。」

神會將自己的話語賜給義人，使他能夠為自己辯白，贏得勝利。

律師和無辜的案主如果明白神是站在他們這一邊的，他們會知道神會將真理的話語放在他們口中，叫他們證明自己的清白！

「惡人傾覆，歸於無有；義人的家必站得住。」（箴言十二章7節）

在福音書中，我們讀到一個婦人的故事。她行淫時被逮到，眾人將她帶到耶穌面前，希望耶穌定她的罪。耶穌看了看眾人後說：「你們中間誰是沒有罪的，誰就可以先拿石頭打

她。」（約翰福音八章7節）這些人立刻離開了現場，然後耶穌轉身問那婦人說：「那些定你罪的人在哪裡呢？」

耶穌之所以保護那名婦人，是因為祂知道那些定她罪的人，其實比她還邪惡。他們的心中沒有愛也沒有憐憫，單就這一點來說，這些人就夠邪惡了。人完美與否不是看他遵行多少宗教律法，而是要看他們心中的態度。

惡人就算今天在你面前看似傑出，但他們禁不起時間的考驗。他們終要被擊潰，你將不會再見到他們的面（參考出埃及記十章29節）。

> 「人必按自己的智慧被稱讚；心中乖謬的，必被藐視。」（箴言十二章8節）

「稱讚」一詞在希伯來文是halal，它是「哈利路亞」這個字的字根，表示「發光、誇讚、歡慶、榮耀和讚美」的意思。

這個字是用來榮耀神的，原本是用來頌讚那位至高者，但對於走在神智慧中的人，這段經文也用halal來稱讚此人，這真是何等美妙！智慧人從神領受尊貴與榮耀，因為他們的言行舉止都榮耀了神。你若是為神而活，神也會與你分享祂的榮耀。

然而那些心中悖逆的人，永遠都不能體驗義人將得到的榮耀；相反地，他們將遭人鄙視，就算是下到陰間，魔鬼與他昔日的朋友也都會痛惡他。

「被人輕賤，卻有僕人，強如自尊，缺少食物。」
（箴言十二章9節）

近來有很多人快速致富，他們非常富有，住的是豪宅、有僕人，還有名車等等。但這些人不被社會上的精英分子所接受，人們看不起他們，覺得他們只是「有錢的垃圾」。

但是這些人還是強過那些擁有田產的貴族和夫人，這些貴族幾乎保不住自己的產業，也請不起僕人來協助他。他們有些甚至必須開放自己的城堡供遊客參觀，才能利用所收的費用來繳稅。但這些人還是覺得自己很了不起，就算神已經在生活上祝福了很多平民，但他們就是不屑跟那些平民說話。

要天天為神所賜的恩典獻上感謝，千萬不要忘記了你之所以能夠有今天，一切都是從神而來的，總要心存謙卑。

第 75 天

懶惰人容易走入歧途

讀經：箴言十二章10～11、24、27節；廿八章19節

「耕種自己田地的，必得飽食；追隨虛浮的，卻是無知。」（箴言十二章11節）

「耕種自己田地的，必得飽食；追隨虛浮的，足受窮乏。」（箴言廿八章19節）

當以色列的兒女走在曠野中，因為當時氣候與土壤無法栽種作物，神只在這種時候使食物從天上掉下來。

但是當以色列的兒女進到應許之地後，天上就不再降下嗎哪了（參考約書亞記五章12節）。他們開始吃土地出產的作物，因為神希望他們開始鬆土、播種並收割自己所種的。

只有懶人才會悠閒地坐著，等著食物從天而降。有些基督徒只倚賴別人的援助，卻聲稱自己是憑信心過生活。一些未信主的年輕人不工作並加入幫派，去跟隨經文中所說「虛浮」的人。

這就是為什麼政府要盡量幫助年輕人就學，因為他們知道，年輕人遊手好閒就可能會誤入歧途。

「殷勤人的手必掌權；懶惰的人必服苦。」（箴言十二章24節）

如果你想要晉升到領導者的地位，就必須自己努力去爭取。並不是只要加入軍隊就可以變成將軍，你需要經過多年的預備、訓練和實戰的訓鍊。很多人希望自己能在服事主的工作中，快速擔任領袖的角色，對於那些經過多年委身服事而如今在領導地位上的人，甚至會非常嫉妒。保羅就曾提醒，不要讓

新手快速擔任領袖的職分：「初入教的不可作監督，恐怕他自高自大，就落在魔鬼所受的刑罰裡。」（提摩太前書三章6節）

新手一旦受到魔鬼的攻擊很容易就會跌倒。讓蒙召的年輕人因驕傲而走向毀滅，一直是撒但拿手的伎倆。驕傲的年輕人常常覺得自己比起那些年長並事奉多年的人，更為聰明、有恩賜、教育程度又高。

今日社會上的人也抱著這種心態。超過卅五歲的人通常很難找到工作，所有的大企業都只想招聘年輕人。不過神所掌管的不是一個企業，而是全世界。在祂的心中每個人都有他的位置，即使你已經為人祖父、為人祖母，祂都看重。祂看見你多年來的忠心和努力，祂必要高舉你。

「懶惰的人不烤打獵所得的；殷勤的人卻得寶貴的財物。」（箴言十二章27節）

把打獵當作娛樂的人通常懶得烹煮獵物，他們將獵物丟棄在荒野。把打獵當作娛樂對動物來說是很殘酷的，人類應該只為了果腹維生而狩獵，或因為危險的生物過盛時才打獵。神所造的生命都是珍貴的，我們就算有所需要，也不該輕易流動物的血。世上最為寶貴的就是生命，即使是動物的生命也是如此。但懶惰的人根本就不在乎這些珍貴的事物。

然而殷勤的人珍惜寶貴的東西，他會好好地照料自己的車子、房子、機器和工具等。他不會任由房子損壞，或讓工具散

亂。懶惰的女子懶得為家人做一餐飯、洗衣縫補、打掃房子或做任何家事。

我們通常不想把好東西送給懶人，因為他們不會悉心照顧，他們對有價值的東西不知珍惜。如果你把一件漂亮的白色洋裝送給這種婦人的女兒，她會把這件洋裝丟在洗衣機裡，跟深色的牛仔褲一起洗；或者你送她一件純羊毛的衣服，她會把它丟進烘乾機裡去烘乾。如果有東西壞掉了，與其修理好，懶惰人寧可將它丟掉買一個新的。

但是對殷勤的女子來說，就算是零星的小東西都是寶貴的。她會把最簡陋的小屋子都收拾得一塵不染，在別人都偷懶無所謂的時候，她會動手把事情都做好。

你是哪一種人呢？

第 *76* 天

口中結出生命或死亡的果實

讀經：箴言十二章12～22節

「惡人想得壞人的網羅；義人的根得以結實。」（箴言十二章12節）

159

我們先來看「網羅」這個詞，它的希伯來文是 *metsudah*。這個字指的不只是「網」的意思，還可以表示「堅固的堡壘、城堡、防禦、要塞、據點、陷阱，以及被追捕的」。

惡人通常會有一個祕密的據點，作為惡事的大本營。他在自己藏身的堡壘中感到安全，他知道自己作惡會被人追捕，所以他一定要為自己準備一個可以躲藏的地方。

惡人都渴望與其他惡人勾結，相似的靈會彼此吸引。今天你會看到很多新納粹主義者彼此連結。主張墮胎合法和支持變態性行為的人彼此聯合遊行，這些人常會快速連成一氣。現今敵基督的結盟已經遍布全球，加入的人其實就是加入一個全球性的體系中。很多人因為該體系所推出的宣言或口號聽起來不錯，就無知地加入其中，然而當他們發現這體系的真相時，已經陷在網羅無從脫逃了。他們最後的結局就是死。

惟有認識神話語的人才不致陷在網羅中。他們的根基深深地扎根在神的話語上。真理使他們得到安全與保護，他們透過神的話語可以看清事情的真相。

「惡人嘴中的過錯是自己的網羅；但義人必脫離患難。」（箴言十二章13節）

耶穌說：「毒蛇的種類！你們既是惡人，怎能說出好話來呢？因為心裡所充滿的，口裡就說出來。」（馬太福音十二章34節）

我們可以輕易地從人口中所吐出的話語，知道對方心裡的想法。神同時也說過，我們是因著口中所說出的話，來決定自己能稱義還是被定罪。「因為要憑你的話定你為義，也要憑你的話定你有罪。」（馬太福音十二章37節）

惡者口中的話終要成為他靈魂的網羅。他誇口自己絕不對神敬虔，在朋友的面前炫耀自己有多剛硬，而且他對屬神的事愈來愈硬心。他的驕傲誇口使自己陷於萬劫不復。

相反地，義人則因著自己坦承的認罪，能夠逃離很多難關。

「人因口所結的果子，必飽得美福；人手所做的，必
為自己的報應。」（箴言十二章14節）

你的口舌可能會在永恆中，為你結出美好的果實（因為生命樹在你裡面生長），或者也可能會生出毒物，讓聽從你的人生病遭害。耶穌說：「善人從他心裡所存的善就發出善來；惡人從他心裡所存的惡就發出惡來。」（馬太福音十二章35節）

到了大審判那一天，你所說過的好話會反過來祝福你，你會因自己所說過的每一句善言得到獎賞。

「愚妄人的惱怒立時顯露；通達人能忍辱藏羞。」
（箴言十二章16節）

你可以透過善心和善言遮掩你墮落的弟兄姊妹的羞恥。

「說出真話的，顯明公義；作假見證的，顯出詭
詐。」（箴言十二章17節）

你愈多說屬神的真理，就愈多用話語祝福世人。絕不要在真
理上妥協，因為這世界掌握在那惡者的手中，所以充滿了欺謊。

世上的欺謊者很多，他們是大說謊家敵基督的先遣部
隊。他們想要欺騙全世界，如果可以的話，他們連神的選民都
矇騙。耶穌曾說：「因為假基督、假先知將要起來，顯大神
蹟、大奇事，倘若能行，連選民也就迷惑了。」（馬太福音廿
四章24節）

「說話浮躁的，如刀刺人。」（箴言十二章18節）

你是不是也曾被人的話所刺傷，彷彿一把利劍刺入心
中？有些人只要一開口，就說刺傷人的話。他們光是用自己的
言語，就帶給他人傷痕、讓人崩潰，並摧毀生命。他們的所言
比所行造成更多的破壞。

「……智慧人的舌頭卻為醫人的良藥。」（箴言十二
章18節）

智慧人的舌頭是仁慈的舌，它爲人帶來醫治、力量，激勵破碎的心，還能減輕人的憂傷。求神賜給你智慧的舌頭！

「口吐真言，永遠堅立；舌說謊話，只存片時。」
（箴言十二章19節）

雖然謊言的力量是如此強大無比而殘酷，但總有一天眞理必將彰顯，勝過一切的謊言、猜疑和不信。眞理是永恆長存的。與永恆相比，謊言不過是短暫一時的。

「說謊言的嘴爲耶和華所憎惡；行事誠實的，爲祂所喜悅。」（箴言十二章22節）

主所厭棄的都是非常糟糕的事。神恨惡謊言，因爲祂知道那是從謊言之父撒但來的（參考約翰福音八章44節）。所有的說謊者都會受到審判，承受硫磺火湖的刑罰：「惟有膽怯的、不信的、可憎的、殺人的、淫亂的、行邪術的、拜偶像的、和一切說謊話的，他們的分就在燒著硫磺的火湖裡；這是第二次的死。」（啓示錄廿一章8節）

神喜愛眞理，祂會大大獎賞誠實人，就像祂大大懲罰說謊者。

第 77 天

愚蠢的多話

讀經：箴言十二章21～24節

「義人不遭災害，惡人滿受禍患。」（箴言十二章21節）

義人受到自己的義所保護，他彷彿覆蓋著一層防護罩。當初撒但就是知道神已在約伯的四周設下了防護的圍籬，所以對神說：「祢豈不是四面圈上籬笆圍護他和他的家，並他一切所有的嗎？他手所做的都蒙祢賜福；他的家產也在地上增多。」（約伯記一章10節）

若沒有神的允准，撒但根本動不了約伯。所以除非有神的允許，否則牠也不能觸碰你或傷害你；而如果神真的允許了，祂一定是為了你的好處。

「禍患」這個詞在希伯來文中是ra，意思是「困境、災難、憂傷、不幸、愁煩和出錯」。惡人做什麼都會出錯，因為他沒有受到保護。所以他將經歷一個又一個的問題、悲痛和不幸，他的靈最後也終將毀滅。

「通達人隱藏知識；愚昧人的心彰顯愚昧。」（箴言

十二章23節）

　　神的百姓亟須知道該在什麼時候保密。惟有審慎通達的人才知道什麼時候該閉口不說。很多人就是因爲沒有保密，從家人那裡吃到苦頭。所以生活中有時候，我們應該要說話，但有時候卻需要靜默不語，惟有審慎通達的人才能分辨時機。愚昧的人卻總是多話，顯露出自己的無知。

第 78 天

適時說出合宜的話

讀經：箴言十二章25節，十五章23節

　　「人心憂慮，屈而不伸；一句良言，使心歡樂。」
（箴言十二章25節）

　　世人多麼需要聽到鼓舞人心的聲音！我們的生活中存在著這麼多傷心的事，有太多的禍害和毀滅！很多先知都是宣講末日審判的先知。這其實也不奇怪，因爲可怕的事確實開始不斷發生。但是從另一個角度來說，我們也實在需要生命和盼望的信息。福音中就有這樣的信息。福音就是好消息，事實上對世人來說，那正是惟一的好消息！

在這世代，人們的心中充滿了沉重的靈，人心低沉而憂鬱。醫生給憂鬱症患者開藥吃，但這只能得到暫時的緩解，它的效果很快就會消失，而人心也很快再度感到憂鬱。

一句好話就是良藥，它比所有抗憂鬱的藥劑都更好用。因為好話可以帶著聖靈的恩膏，可以為人帶來信心、盼望與生命。我看過許多憂鬱低沉的心，因領受神的話語而得醫治與恢復。而我自己的心也曾經歷過，因著他人慈愛充滿信心的話語而得到醫治。所以不要猶豫，大膽說出真理的話語，因為那是從神而來，不是從你自己來的。

「口善應對，自覺喜樂；話合其時，何等美好。」
（箴言十五章23節）

世界上能帶給你最大滿足感的，就是發現自己在適當的時機說出了神的話語，而這話語又祝福、幫助、激勵了別人的靈。

然而，有時候神要你說的話可能不是那麼讓人愉快的，可能是斥責、督正或警告的話語。說出這種話是很不容易、需要極大勇氣的，但你若能忠實地傳達，就能夠從地獄中救回一個靈魂。

一句話要稱得上好話，必須是在適合的時間說出來。你或許可以說出最強而有力、最漂亮的話，但若說得不是時候，這話就像是被甩在堅硬冷酷的石頭地裡。你所撒的種子就沒有辦

法結出果子來（參考馬太福音十三章5節）。

　　所以千萬不可錯過神的時機，若能抓對時機，你自己也會蒙福。

第 *79* 天

兩條路

讀經：箴言十二章26～28節，十三章6節，

　　　十四章12節，十六章17、25節

「義人引導他的鄰舍；惡人的道叫人失迷。」（箴言
十二章26節）

　　義人所走的是聖潔的路。他不會輕易地被誘惑或走偏，他的心會警告自己要遠離魔鬼，他也不會想要做神眼中看為惡的事。

　　但惡人卻很容易受到誘惑，因為走在罪的陰溝裡，他們的腳下充滿汙泥與骯汙。他們所行的是容易絆跌的道路，黏滑的路讓他們常常跌倒。他們所走的每一步都充滿危險。

　　就算他們下定決心不跌倒也是沒用的，因為他們所選的路就是錯的路。他們走在通往地獄的魔鬼道路上，這路上充滿了危險圈套。「有一條路，人以為正，至終成為死亡之路。」

（箴言十四章12節）

這些人惟一能做的就是離開這條路，並透過悔改和相信耶穌走上正路。惟有聖靈能引導人走上正路，這條路可以領人回到神的家中。

「在公義的道上有生命；其路之中並無死亡。」（箴言十二章28節）

這兩條不同的道路上豎立了許多標示！其中一條路上的標示寫著：死亡、毀滅、地獄；而另一條路的標示上則寫著：生命、永恆、祝福和天上的家園。

我相信就算很多人可以讀懂標示上的文字，他們仍舊堅持要走上毀滅的路。很多人雖然一次次受到警告，但他們還是拒絕聽從警告。

「行為正直的，有公義保守；犯罪的，被邪惡傾覆。」（箴言十三章6節）

你心中的義會保護引導你遠離罪惡，因為你裡面有聖靈，祂會警告你抵抗邪惡。你心中對聖潔的渴望，自然會幫助你活出正直的生命。

但罪人心中的邪惡則會使他大敗。就算心裡願意成為聖潔，你不會因此就變為聖潔，你需要聖潔的神保護幫助你，使

你成為聖潔。

「有一條路，人以為正，至終成為死亡之路。」（箴言十四章12節）

很多人都上當了，他們以為自己走的路不會有危險，因為大家都是這麼走的。他們跟著一群受騙的人走，和他們一起受騙上當。耶穌說：「你們要進窄門。因為引到滅亡，那門是寬的，路是大的，進去的人也多。」（馬太福音七章13節）

魔鬼很聰明，牠讓人們接受一點宗教，就覺得自己安然無恙。他們接觸了一些和自己一樣的人，就更確定自己的想法沒有錯了。但是，有一天他們醒悟過來的時候，那後果將是何等的可怕！

「正直人的道是遠離惡事；謹守己路的，是保全性命。」（箴言十六章17節）

作者再一次堅定表明，人需要離開罪惡的道路，走上主的路，惟有如此才能保全自己的靈魂。

「有一條路，人以為正，至終成為死亡之路。」（箴言十六章25節）

主在箴言中重複提到這個警訊，可見這話是何等重要。

第 80 天

智慧之子聽從父訓

讀經：箴言十三章1、13～14、18節，十五章5節

「智慧子聽父親的教訓；褻慢人不聽責備。」（箴言
十三章1節）

天父正在尋找願意接受訓誨並學習屬天智慧的兒女。對
於飢渴慕義的人，天父也渴望教導他們，向他們揭露屬天的真
理。但輕慢的人則不聽從敬虔的勸勉。

「藐視訓言的，自取滅亡；敬畏誡命的，必得善
報。」（箴言十三章13節）

藐視訓言的人就是輕視神的話，這對人的靈是很危險的一
件事。因為人若沒有智慧與知識，靈魂就會迷失，最終將走向
地獄。而敬畏並喜愛神命令的人將會得到獎賞。

「智慧人的法則是生命的泉源，可以使人離開死亡的

網羅。」（箴言十三章14節）

數千年來，人們一直在尋找生命的根基，但什麼也沒找到，因為他們找錯了地方。這根基其實就在真理之書聖經裡，凡喝了這生命之水的，將能遠離死亡的網羅。

「棄絕管教的，必致貧受辱；領受責備的，必得尊榮。」（箴言十三章18節）

凡尋得這生命根基的不僅能得到永遠的生命，還能夠興旺並得尊榮。神對約書亞說過：「這律法書不可離開你的口，總要晝夜思想，好使你謹守遵行這書上所寫的一切話。如此，你的道路就可以亨通，凡事順利。」（約書亞記一章8節）

所以富裕興旺不只是得到的獎賞而已，它是透過晝夜思想神的話、親近神並遵行神的話而贏得的，這是神尊榮祂忠心信徒的方式。

「愚妄人藐視父親的管教；領受責備的，得著見識。」（箴言十五章5節）

一個人會成為愚頑還是有智慧、好品德的人，孩童時期是個關鍵。在孩子還小的時候，就該指導他們對父母要尊重和順服，這是身為父母應盡的責任。等孩子長大了才要來訓練他們

尊敬父母或長輩，一切都為時已晚。

第 *81* 天

大有能力的言語可以改變世界

讀經：箴言十三章2～3、5節

「人因口所結的果子，必享美福；奸詐人必遭強
暴。」（箴言十三章2節）

我們如果真明白話語的力量有多強大，就會更謹慎選擇自
己說出口的話，而惟一能和語言的力量相較的，可能就是文字
的力量了。

近代有三本書對世界影響最鉅，也為世界帶來了大
浩劫，那就是希特勒所寫的《我的奮鬥》、馬克思（Karl
Marx）的《共產黨宣言》（The Communist Manifesto），以及
毛澤東的《毛語錄》。《毛語錄》中收錄了毛澤東的作品，尤
其是在文化大革命期間，它被用作中國人思想與生活的指導方
針。只有天使才數得出來，到底有多少人因為這三本書而受苦
或喪命。

但是也有一些人所說的話和所寫的書，是為世人帶

來光和生命的，其中以聖經為最偉大的作品。而繼聖經之後，還有三本書對基督徒而言最具影響力，那就是本仁約翰（John Bunyan, 1628-1688）所寫的《天路歷程》（Pilgrim's Progress）、金碧士（Thomasà Kempis, 1380-1471）所寫的《效法基督》（The Imitation of Christ），還有約翰·福克斯（John Foxe, 1516-1587）所寫的《福克斯殉道者名錄》（Foxe's Book of Martyrs），這本書對伊莉莎白女王時期的英國有著極大的影響。

用言語及文字散播暴力的人，終將食下暴力的惡果，而口中及筆下發出和平的人，則將擁有永恆的平安。

「謹守口的，得保生命；大張嘴的，必致敗亡。」
（箴言十三章3節）

在這個虛妄誇口的世代，懂得保持沉默是明智且重要的。很多人就是因為太多話、太愛吹噓，結果葬送了自己和心愛之人的生命，留下了一世的臭名。

「義人恨惡謊言；惡人有臭名，且致慚愧。」（箴言十三章5節）

因為謊言是從謊言之父來的，所以義人恨惡謊言。謊言為很多人甚至整個國家帶來極大的痛苦。當人相信謊言的時候，

就是跟隨錯誤的對象了。

邪惡的人令人憎惡。「憎惡」這個詞在希伯來文中就是 *baash*，它表示「氣味難聞的、惡臭、可恨的、令人討厭的、可惡的」，是用來描述與人交惡、以惡行得罪神的人。你可能聽過別人罵人「他臭死了！」（He stinks!），表示這人壞透了，這種說法就是由此而來的。願我們向神活出生命的馨香之氣！

罪惡發臭！（Sin stinks!）同樣的，罪人也發臭，連他所穿的衣裳都臭。南非有位基督徒男士發生了嚴重的車禍，他因此昏迷臥床了很長的一段時間。在他臥床期間，可以感覺到是不是有不信的人進入他的病房，因為這些人進來的時候都帶著不好的氣味。原來罪在神鼻中有如此惡臭的氣味。

當雅各的兒子殺了整城的男丁之後，對兒子們說：「你們連累我，使我在這地的居民中，就是在迦南人和比利洗人中，有了臭名。我的人丁既然稀少，他們必聚集來擊殺我，我和全家的人都必滅絕。」（創世記卅四章30節）

當兒女行了惡事，他們會使父母蒙羞並帶來臭名。而當我們犯罪的時候，我們天上的父就會為我們的罪背上臭名。願神幫助我們像挪亞一樣，向神活出馨香之氣。

「耶和華聞那馨香之氣，就心裡說：『我不再因人的緣故咒詛地（人從小時心裡懷著惡念），也不再按著我才行的滅各種的活物了。』」（創世記八章21節）每當天空出現彩虹的時候，就是在提醒你，挪亞出方舟的時候如何向神獻祭。因為他

是以感恩的心爲祭，那馨香之氣直升到主的面前，於是神與挪亞立約，不再以洪水滅絕世人，而彩虹就是祂立約的記號。

第 *82* 天

懶惰之人

「懶惰人羨慕，卻無所得；殷勤人必得豐裕。」（箴言十三章4節）

對於勞務懶惰的人，對屬靈的事也會同樣怠惰。他不會花時間去禱告、讀經或是讀好書，也不會爲主做任何事；而凡事殷勤努力的人，在屬靈的事上也會如此殷勤。

殷勤人必「得豐裕」，意思就是他會得蒙神的祝福。因爲主說：「祭司要在壇上焚燒，作爲馨香火祭的食物。脂油都是耶和華的。」利未記三章16節說：「脂油是屬我的。」

你的生命若是蒙神悅納，你將成爲神愛的產業。「脂油」這個字在希伯來文中指的就是*dashen*，表示「肥厚、多汁、飽餐、營養豐富、大有力量的」。

「懶惰人的道像荊棘的籬笆；正直人的路是平坦的大道。」（箴言十五章19節）

懶惰人的道路之所以難行，是因為他們懶得修剪路上的荊棘雜草。因為他們根本不在乎自己的屬靈景況，所以容許荊棘在生命裡不斷增生。他們疏於讀經、禱告、參與教會，讓生命的庭園裡長滿了荊棘與雜草。

然而正直的人則殷勤維護修剪自己的屬靈花園，並清除園中的小石頭和荊棘。因此神對他說：「做得好，你真是又忠心又良善的僕人。」他善用了神所賜的才能。

> 「懶惰人放手在盤子裡，就是向口撤回，他也不肯。」（箴言十九章24節）

把手放在盤子裡的意思，是指此人不工作也不肯承擔任何責任。懶惰的人總是有辦法可以逃避責任。

有些人甚至會懶到裝病來逃避責任。他們發現只要一直唉哼自己又虛弱又疼痛，身邊的人就會同情他們，幫他們做事。他們甚至假裝沒有食慾不進食，表示自己情況真的很糟。他們誇大自己的慘況，並且以此沾沾自喜。現代有個名詞稱呼這種症狀為「疑病症」（hypochondria）。這些疑病症的人需要從疑病的靈裡得釋放。

> 「懶惰人因冬寒不肯耕種，到收割的時候，他必討飯而無所得。」（箴言二十章4節）

土地一定要經過鬆土才能耕種。但鬆土是很辛苦的，這工作費時、乏味又耗費力氣。它不是像收割一樣討喜的工作，但絕對是必要的程序。人們一定要先鬆土才能打散泥塊讓土地柔軟，這樣才能播種。

懶惰的人尋找各種藉口。如果天下雨了或是太冷，他會很高興，可以用天候不佳為藉口來逃避工作。不過他以後一定會後悔，因為當豐收的時刻來臨，其他人都歡歡喜喜享受土地的收成時，他因為之前沒有好好鬆土，就只能挨餓了。收割之前必須鬆土。我們必須努力翻鬆列國的土，才能使他們預備好迎接即將到來的豐收節慶。

「懶惰人的心願將他殺害，因為他手不肯做工。」

（箴言廿一章25節）

懶惰的態度之所以會導致毀滅，是因為懶惰和導致靈魂毀滅的事物有關。我們小的時候就聽過：「魔鬼會利用閒懶的手。」不做事的人常常會誤入歧途，要他們賺錢謀生，他們寧可去偷盜。你如果把偷竊的難度提高，小偷就會放棄，因為他們懶得耗費力氣去破門偷竊。

第 83 天

懷抱愛心的最富足

讀經：箴言十三章5～8節

> 「假作富足的，卻一無所有；裝作窮乏的，卻廣有財物。」（箴言十三章7節）

有很多人過著貧民般的生活，但其實是有錢、有產業的人。他們因著心中的貪婪，不斷積攢財富，卻不肯為自己或為別人花一分一毫。他們總是穿著同一件老舊的衣服，吃的也僅能果腹，勉強能過活就好。冬天他們在屋子裡受凍，也不肯打開暖氣。他們不奉獻金錢給神或慈善單位，每天過著害怕失去財產的日子。

這些人是最最貧窮的。就算他們是有信仰的（有些人確實有），也不會積存財寶在天上，因為他們在地上從未有所付出。

另外有一種人，他們不斷付出，每當你羨慕他們所擁有的東西時，他們就會盡其所能地拿出來分享。付出與分享就是他們喜樂的來源。他們家的大門總是為人敞開，總是可以隨時將自己的食物和衣物分享給需要的人。他們的銀行存款向來都不多，但是他們在天上有豐盛的產業和無比的榮耀。他們擁有

神的心，這位神因著愛，甚至連所愛的獨生子都給出去了。這些樂意分享的「窮人」因為有愛，所以是富有的。他們因為有愛，所以也有夢想。

> 「人的資財是他生命的贖價；窮乏人卻聽不見威嚇的話。」（箴言十三章8節）

「贖價」在舊約中是很重要的一個詞。希伯來的原文是kaphar，最主要的意思就是「掩飾遮蓋」。隨著時間的演變，它成了「贖罪、和解、補償」之意。這是聖經中最重要的詞之一。

箴言作者在這裡的意思並不是指有錢人可以用財富來得到救贖，他想要表達的另有含意。他要說的是有錢人或許可以用錢隨心所欲得到他們想要的，或甚至可以用錢來幫自己脫罪。確實有很多人用錢來收買敵人與之和解，他們被人勒索付出高額的遮口費或是保護費；他們總是害怕有人會抓住把柄向他們勒索。

然而窮人就不一樣了，對於那些不給錢收賣就威脅、不知羞恥的貪婪之輩，窮人根本不必怕他們。沒有人會威嚇他們，他們也不會聽到威嚇的話語，他們在自己的小窩裡安然居住，因為他們沒有任何可以讓人覬覦的事物，所以別人不會貪圖他的東西。所以即使窮人也都有值得感恩的事。

第 *84* 天

別讓你的燈被熄滅了

讀經：箴言十三章9～10節

「義人的光明亮（原文是歡喜）；惡人的燈要熄滅。」（箴言十三章9節）

敬虔人裡面發出一種光明，那是神同在的一種永恆之光，是藉著神的話語所生出的光。「神說：『要有光』，就有了光。」（創世記一章3節）

光的希伯來文為owr，它指的不只是光，還包含了「光明、照亮、啟蒙、幸福和歡愉」的意思。聖經學者蘇必諾說：「owr這個字體現了死亡的反義，那就是生命。」它還有一個含意就是「訓詞」（參考詩篇十九篇8節，一一九篇105、130節）。

神的話語可以為人的靈魂帶來光明，然後隨之而來的就是靈裡的啟示、幸福和豐盛的生命。

耶穌說：「我到世上來，乃是光，叫凡信我的，不住在黑暗裡。」（約翰福音十二章46節）

耶穌住在我們的心中，我們的心在祂同在的光中歡喜快樂。源於神的永恆之光與世人所造的光是很不一樣的。人所造

的光就像燭光之於太陽那樣地渺小。就算是罪人也可以散發出那種人為的光彩，一種偽裝的敬虔。但他的敬虔外表是無法持久的，它禁不起時間的考驗。那光彩最終必會熄滅，然後他的靈魂將要面對永遠的黑暗。

「咒罵父母的，他的燈必滅，變為漆黑的黑暗。」
（箴言二十章20節）

燈火熄滅是另一種用來描述死亡的方式。神教導以色列百姓一定要尊榮父母，凡咒罵自己父母的就有可能會被滅除。祂甚至應許凡尊榮父母的，將在其所承受的產業上得以長壽。神教導以色列百姓要：「當孝敬父母，使你的日子在耶和華──你神所賜你的地上得以長久。」（出埃及記二十章12節）這是十誡中惟一帶著應許和警告的誡命。若是順服遵行將享長壽，不遵行的則將被滅除。

神的意思是：「如果你不尊榮或是尊重你的父母，我就滅掉你生命的光！」

第 *85* 天

不要為稍縱即逝的財富而活

讀經：箴言十三章11～15節

> 「不勞而得之財必然消耗；勤勞積蓄的，必見加
> 增。」（箴言十三章11節）

有一種財富是暫時的，它雖然虛妄，但世人卻都貪戀它。有些人甚至為了財富願意出賣自己的靈魂。

箴言說這種財富是以不勞而得的方式獲得的。而「不勞而得」這個詞在希伯來文中就是*hebel*這個字，它的意思是「空虛、虛幻、瞬息無常、會偏離正路的」。

凡建立在短暫根基上的職業都不能持久。以貌美的演員、歌星、舞者或是模特兒為例，你可以發現他們一旦失去了好看的外貌或是好聽的聲音，就同時失去了工作和巨額收入。

在運動圈中的體育明星也是如此。他們輝煌的時光非常短暫，當他們年紀稍長往往就被「冷凍」。

人靠著自己的美貌和力量得到的財富都是非常短暫的，今天享有明天就會消失。

但是憑著努力而得到的財富卻是不斷加增，因為此人殷勤做工，就算是年紀大了還是會繼續努力。殷勤工作的人總是有

工作等著他。

「用詭詐之舌求財的，就是自己取死；所得之財乃是
吹來吹去的浮雲。」（箴言廿一章6節）

以謊言欺騙所獲得的財富也很容易失去，因為一定還有別
人會想出更高明的騙術。以不當手段取得的財富不蒙祝福，它
像手中的沙一樣瞬間消失無蹤；不要把希望建立在它上面，也
不要為了錢財而結婚。今天富有的人很可能明天就變成窮人，
這樣的「財富」是虛空短暫的。它像一場夢，沒有未來。

第 *86* 天
何為通達之人

讀經：箴言十三章16節，十四章8、15、18節，廿二章3節

「凡通達人都憑知識行事；愚昧人張揚自己的愚
昧。」（箴言十三章16節）

「通達」這個詞在希伯來文中是*aruwm*，意味著「狡獪、
投機、難捉摸、精明」之意。
　　一個老謀深算的人就像一本闔上的書，就算你開口問

他，他也不會透露訊息給你。他通常會事先計畫好，也知道該如何掩蓋自己所做的。他說的話很少，一旦開口就是欺謊，偏離事實。

> 「通達人的智慧在乎明白己道；愚昧人的愚妄乃是詭詐（或譯：自欺）。」（箴言十四章8節）

這段經文中也出現了和前段一樣的「通達」，都是希伯來文中的aruwm，但這裡的「通達」所表達的是比較正面的意思。一個通達的人比較正面的說就是比較「精明謹慎」。他在採取任何行動之前，一定會確認自己對整個情況有相當的了解。他不容易受旁人的影響，不會因為別人大喊：「跳！」他就跳下去。他買東西的時候，一定要仔細研讀標籤資料才作決定，簽字的時候也會先看清楚；他連文書上最小的字體都不放過。在採取任何行動之前，他會堅持要清楚知道所有細節。

但是愚昧人就很容易受騙，幾乎每件事都可以說服他，使他採取行動。

> 「愚蒙人是話都信；通達人步步謹慎。」（箴言十四章15節）

通達的人若是要到不熟悉的地方去，一定會先看好地圖。他絕不會浪費時間和汽油開著車到處找路，希望自己很幸

運地剛好到達目的地。他會先在地圖上找到目的地，然後一路向前。

「愚蒙人得愚昧為產業；通達人得知識為冠冕。」
（箴言十四章18節）

愚昧人傳給後裔的不過是破敗的家門與羞恥，但通達的人接受主的引導，便得到知識的永恆冠冕。他永遠贏得了冠冕。在聖經中才能找到最偉大的知識，所以願意多花時間研讀神話語的人是大有智慧的。

「通達人見禍藏躲；愚蒙人前往受害。」（箴言廿二章3節）

我們到處都能看到這世代的警訊，但並不是每個人都能「看到」，而就算真正看到了，也很少有人會認真地把這些警訊當一回事。

箴言中就說，當通達的人發現自己的生命有危險，他就會去躲起來，救自己一條命。

希特勒當權的時候，其實就有很多徵兆指出猶太人將面臨危險。但是因為時候未到，所以只有一小部分的人逃離德國。懂得躲到巴勒斯坦去的猶太人是有智慧的。再看今日，那些懂得「隱藏起來」、回歸以色列的猶太人是通達的。對於那些看

到時代徵兆卻依然我行我素的人，有時我真的為他們感到憂心。我很擔心那些長年居住在俄羅斯或其他國家的猶太人，將來會遭受極大的苦難。

不肯聽從神的警告，不願意悔改、離棄原先罪行的罪人也是如此。他們如果繼續按照自己的意思我行我素，終將承受地獄永遠的刑罰。

第 *87* 天

誠實人必蒙神祝福

讀經：箴言十三章17～18節，二十章6節，廿八章20節

> 「奸惡的使者必陷在禍患裡；忠信的使臣乃醫人的良
> 藥。」（箴言十三章17節）

你絕對不能讓某些人作為你的代理人或為你發言，他們根本就不值得信賴。他們會在你的背後談論你，他們會批評你、糟蹋背叛你的信任，讓你惹上各種麻煩。他們甚至可能向敵人提供你的資訊，給你重重的打擊。

不過這些人最終會嚐到惡果。因為人們很快就會發現，他們一點都不值得信賴。

一個忠誠的大使——一個工作務實的人若擔任你的使者，

將是你極大的幫助和祝福。他會挪去你的焦慮和重擔，讓你享有長壽。

就像以利沙服事以利亞，或者提摩太幫助保羅一樣。如果神的偉大僕人身邊都能有那樣的忠僕，他們的年歲一定會更長久，更多爲人類謀福祉。

「人多述說自己的仁慈，但忠信人誰能遇著呢？」
（箴言二十章6節）

是的，沒有人會向他人揭露自己的錯誤或是短處。我們在人面前總是會表現出敬虔聖潔的樣子——我們都很僞善。願神饒恕我們！

對於自己的缺點，我們或許會把它們隱藏起來。但忠心的人對於自己的家庭、工作的公司、加入的教會或是自己國家的美善，會極力宣揚肯定。我們總是樂於誇口自己的成就，但現在該是肯定讚美自己的鄰社、家人和主內弟兄姊妹的時候了。

能夠對人、對偉大願景忠心持守的人，到哪裡才找得到呢？

「誠實人必多得福；想要急速發財的，不免受罰。」
（箴言廿八章20節）

神喜愛忠誠的人，忠誠的人在自己當盡的責任上，表現

總是值得信賴。忠誠的人也信守承諾，他們因著自己正直的品德，必會完成所立下的誓約。忠誠的人也是一位忠貞不渝的朋友、忠誠的僕人，就算必須承受財務上的損失，他也不會選擇詭詐欺騙。

然而不忠的人為了能夠一夕致富，選擇欺騙雇主、妻子、兒女。他們傷父母的心，不惜冒險得罪神。不忠的人非常貪婪，不計代價地追求他們一心妄想的東西。但神一定會審判他們，他們斷不能自稱無罪。無罪的人可免於刑罰，但不誠實者必要受到刑罰，因為神恨惡不忠誠的人。

第 *88* 天
向年長的智者請益

讀經：箴言十三章19～20節，廿九章27節

「……遠離惡事，為愚昧人所憎惡。」（箴言十三章
19節）

罪人最不願意看到自己的同類認罪悔改並得救。他們通常會嘲笑著說：「我看你維持多久！你很快就會再回到我們這邊了！」很不幸地，有些人確實因為過去黨羽不斷召喚，就回到原來罪惡的生活。但若有人在神面前忠心持守，天使都要為他

們歡呼慶賀。

> 「與智慧人同行的，必得智慧；和愚昧人作伴的，必
> 受虧損。」（箴言十三章20節）

就算是在無意識的情況下，你也會自然地從身邊的人身上學習。你會自然學到別人說話、做事的方式。如果你結交作惡的罪人，或甚至是好爭鬥、辯論、批判、說閒話、罵粗話的基督徒，你很快就會發現自己的言行也被他們影響。然而你若是結交敬虔、寬容親切並對人有愛的人，他們生命中的良善也會感染你。

要盡可能與愛主、對神有特別經歷的人親近，也要結識與主同行多年、認識神美善的年長信徒。

如果你與有智慧的人同行，就會變得更有智慧。他們會將自己的智慧傳遞到你的生命中。我們所處的這世代，人們都藐視年長有經驗的人，只欣賞耀眼的年輕人。但是他們不知道這麼做會造成多大的損失。他們輕看那些走在前面的拓荒者，這些人其實為他們鋪設了今日腳下的道路。與智者同行使人得智慧，但與愚昧人為伴的必受虧損。

> 「為非作歹的，被義人憎嫌；行事正直的，被惡人憎
> 惡。」（箴言廿九章27節）

就像惡人恨惡義人的作為，義人也憎恨惡人的作為。

有時候要把人和他的作為分開來看是很難的。但我們若要去愛那些作惡的人，就一定要這麼做。要常常求神幫助你去愛罪人，並在幫助人的同時，保守自己不被汙染（參考雅各書一章27節）。

第 *89* 天
義人的地土必要蒙福

讀經：箴言十三章21～23、25節，二十章13節

「窮人耕種多得糧食，但因不義，有消滅的。」（箴言十三章23節）

當神要祝福窮人的時候，會使他們糧倉中裝滿最好的米麥。但他們若不知道如何妥善照管，這些穀物就會變色、發霉或因其他的原因而損毀，有些甚至會變質含有毒性。

所以單單勤奮努力是不夠的，人應該學會如何照管自己所擁有的。

這是一個揮霍的世代，我們應該要更謹慎節儉，減少生活中不必要的浪費。例如養成隨手關燈、關電源、節約能源的習慣；不作不必要的購物，以及採購生活用品之前謹慎比價。神

已經將聖靈充滿在我們的「穀倉」中，但我們卻沒有好好守護從神來的祝福，以致教會因為我們的輕忽和愚昧而失去神的祝福。我們因著罪讓蝗蟲和蛀蟲侵蝕了神所賜的產業。

「義人吃得飽足；惡人肚腹缺糧。」（箴言十三章25節）

神告訴以色列百姓，他們若悔改轉向神，他們就「必多吃而得飽足」（約珥書二章26節）。每當以色列尋求偶像的時候，神的祝福就離開那地，他們就會開始經歷饑荒。

由於世人極大的罪惡，我們看到這世上許多就算是最繁盛的國家也將遭逢饑荒，但凡親近神的，會像聖經中的以色列百姓、以利亞和其他人一樣，神蹟式地得到飽足。

聖經上提到以薩迦支派寫道：「以薩迦支派，有二百族長都通達時務，知道以色列人所當行的；他們族弟兄都聽從他們的命令。」（歷代志上十二章32節）

現今有很多謹慎的人，已經開始為眼前即將發生的饑荒積糧預備。我們這地需要像約瑟一樣的智者，因為神的靈在他的身上，可以告訴「王」該怎麼做；同時我們也需要有王（領袖），願意採納先知的警示。他們可以看出這世代的警訊，開始為饑荒的日子積糧預備，並呼召百姓悔改祈禱。

「不要貪睡，免致貧窮；眼要睜開，你就吃飽。」
（箴言二十章13節）

現今世界的問題在於許多屬神百姓都在昏睡，他們拒絕打開雙眼去察看這世代的警訊。如今是時候了，我們需要清醒，認清這地所犯的罪和惡行，並面對違逆聖潔神的悲慘下場。神的使者必須大聲呼喊，對於那些在安逸世界中沉睡的末世先知，對他們說：「你這沉睡的人哪，為何這樣呢？起來！」（約拿書一章6節）

第 *90* 天

被寵壞的孩子

讀經：箴言十三章24節，十九章18～19節，廿九章15～17節

> 「不忍用杖打兒子的，是恨惡他；疼愛兒子的，隨時管教。」（箴言十三章24節）

箴言說如果愛自己的孩子，作父親的會「隨時」教訓處罰他。這表示管教必須從成長的早期開始。

箴言裡將糾正懲罰孩子的責任放在作父親的肩上。不過現在很多父親都將這責任交給作母親的。這給孩子一個印象，覺得只有父親愛他們，而母親只會苛責他們。不過這不是神的心意，祂說父親若是不管教糾正孩子，就是恨惡不愛孩子。如果作父親的真心關心孩子，他會在孩子成長的早期，在必要的時

候擔負起糾正懲處的責任。

不忍杖打孩子的父親，事實上就表示他不在意孩子的成長，意味著他心中恨惡自己的孩子，覺得孩子是討人厭的。若是不擔負起父親的角色，就等於把孩子視爲別人的孩子，他被視爲私生子。

希伯來書十二章5～11節中，神指出了在養育和管教祂的屬靈兒女時，父親的角色是何等的重要。「你們又忘了那勸你們如同勸兒子的話，說：我兒，你不可輕看主的管教，被祂責備的時候也不可灰心；因爲主所愛的，祂必管教，又鞭打凡所收納的兒子。你們所忍受的，是神管教你們，待你們如同待兒子。焉有兒子不被父親管教的呢？管教原是眾子所共受的。你們若不受管教，就是私子，不是兒子了。再者，我們曾有生身的父管教我們，我們尚且敬重他，何況萬靈的父，我們豈不更當順服祂得生嗎？生身的父都是暫隨己意管教我們；惟有萬靈的父管教我們，是要我們得益處，使我們在祂的聖潔上有分。凡管教的事，當時不覺得快樂，反覺得愁苦；後來卻爲那經練過的人結出平安的果子，就是義。」

這段箴言吩咐作父親的要用杖管教。在希伯來文中「杖」這個字就是*shebet*，在以斯帖記四章11節中用的也是相同的字。那裡提到王對王后以斯帖伸出金杖，這個字所代表的含意就是：「懲罰的、書寫的、爭戰的、統治的、行走的杖，以及樹枝、衡量的杖和權杖」。

父親用杖來教導孩子，就是要他們尊重那支筆、衡量的

杖、權杖、律法、父親和他自己。

我知道有些孩子的身邊沒有父親只有母親，那麼母親就要擔負起教導孩子敬畏神的責任。

> 「趁有指望，管教你的兒子；你的心不可任他死亡。」（箴言十九章18節）

這裡的「任他」一詞就是希伯來文的 *nacah*，意思是「寬容、赦免和注視」。

神知道當孩子受罰的時候，他們可能會尖聲大叫。袖知道父母們很可能會捨不得孩子，所以在還沒真正懲罰的時候就放棄了。所以袖警告父母不要因為孩子哭鬧就妥協，有時候孩子哭叫並不是因為疼痛，而是因為生氣而鬧脾氣。作父母的應該在孩子還小的時候，好好處理他的怒氣。

> 「暴怒的人必受刑罰；你若救他，必須再救。」（箴言十九章19節）

父母若是任由孩子帶著憤怒之靈或亂發脾氣，這孩子長大後就會變成一個情緒暴躁的人。他不但會讓所愛的人痛苦，自己也會嘗盡苦頭。孩子小時候若是沒有好好管教，長大了之後還是會學到教訓，而且長大後所受到的教訓會更加嚴厲。因為人們對於那些愛發脾氣的成年人，通常會感到嫌惡或避開。

「杖打和責備能加增智慧；放縱的兒子使母親羞愧。」（箴言廿九章15節）

　　毫無疑問，一個有教養、有愛心並且成就非凡的孩子，會是母親驕傲與喜樂的泉源；然而缺乏教養的孩子卻會為母親帶來羞恥和難堪。許多母親所承受的不只是難堪而已，她們也因孩子的言行而心碎。有些子女因著悖逆和惡行，早早就使父母進了墳墓。

　　而且這些子女長成之後，也會教養出像自己一樣的子女。就如箴言所說的：那地要充滿了惡者之子。

「惡人加多，過犯也加多，義人必看見他們跌倒。」（箴言廿九章16節）

　　現今世代似乎惡人正在快速增加。他們興旺成長，因為法庭和政府的立法支持他們罪惡的生活方式。他們不只主張謀殺未出生的嬰孩，還想要除滅年老、失能者的生命。我們看著他們遊行訴求著他們的「權利」，那「我們的」權利呢？似乎完全不被重視！我們看著這些邪惡的勢力一天天茁壯，愈來愈多人加入他們的行列。

　　但即使我們周遭的邪惡勢力不斷壯大，我們仍要鼓起勇氣。因為聖經告訴我們仍然有希望，就像箴言所說的：義人必看見他們跌倒。

「管教你的兒子，他就使你得安息，也必使你心裡喜樂。」（箴言廿九章17節）

好好管教懲罰你的孩子，你自己就能進入美好的安息。當你看到他們忠心事奉主，並與你一同走進永生時，你的靈必要歡喜快樂。

第 *91* 天

智慧婦人建立家室

「智慧婦人建立家室；愚妄婦人親手拆毀。」（箴言十四章1節）

自從神對撒但說：「我又要叫你和女人彼此為仇；你的後裔和女人的後裔也彼此為仇。女人的後裔要傷你的頭；你要傷他的腳跟。」（創世記三章15節）魔鬼就恨惡女人，並且千方百計地要毀滅女人和她的後嗣。

婦人的「家室」就是她的家庭。這個詞彙在希伯來文中是*bayith*，意思是「帳棚、房子、窩巢、宮殿、神殿、安居之所、儲藏處、存放東西的地方、家庭」等等。

有智慧的女人會珍惜她的家（不論是間小木屋或是皇宮）、她的殿（身體），和她的家人。她會好好照料這三者。

她會維持家中的整潔，有朋友來訪的時候她不會丟臉。她總是努力使家更好。她會照料自己的身體，不會用毒品、酒精或暴飲暴食來糟蹋自己。她在飲食上有智慧。同時她也會照顧好家人，會保護自己的孩子，包括腹中的胎兒。

在我們所處的時代，很多婦女不再以家庭主婦這個角色自豪。她們想要有自己的事業。比起投入家庭，她們更有興趣投入職場的工作。她們節食讓自己變得更苗條，覺得骨感比豐腴的曲線更美麗。她們墮掉胎兒，因為懷孕是曲線的大敵。因為仇敵痛恨後嗣，並讓女性相信，這是她們應該爭取的「權利」。

女人並沒有察覺自己已經落入了魔鬼的圈套。她永遠無法勝過魔鬼或從牠的掌控中脫身，相反地，她正一步步拆毀家庭。她以為是在爭取自由，事實上卻成了魔鬼的奴僕。所以現代女性正落入比她們的母親或祖母那一代更深的枷鎖中。

無論女性在事工中多麼成功，撒但都不在意，因為只要讓她們毀掉神給她們的命定就可以了。屬神的女子，牠會讓你們建立偉大的事工，因為牠希望你最終毀掉這一切。事實上，牠知道你的事工愈大，當你最後以不屬神的方式拆毀的時候，將會為神帶來更大的羞辱。

所以務要謙卑，因為屬神的女人如果已經降卑自己，撒但就無法讓她跌倒。

你如果並未蒙召進入某項事工，而是以家庭主婦和母親的角色服事神，要感恩並以你的身分為榮，要使你的家庭成為神和祂百姓的殿。

第 *92* 天

口舌是我們的敵人抑或護衛者

讀經：箴言十四章2～4節，十八章6～7節，廿一章23節

> 「愚妄人口中驕傲，如杖責打己身；智慧人的嘴必保
> 守自己。」（箴言十四章3節）

惟願那些心中驕傲、自我誇耀的人，能夠知道自己所說每一句自大的話，都將像棍杖一樣打在自己身上！

讓我們謹慎管理自己口中的話語，否則我們就像自己用棍杖鞭打自己。耶穌說得非常清楚，我們將會按自己口中所說的話受到審判。「我又告訴你們，凡人所說的閒話，當審判的日子，必要句句供出來；因為要憑你的話定你為義，也要憑你的話定你有罪。」（馬太福音十二章36～37節）

感謝神，我們口中的話可以變成責打自己的杖，也可以用來保護自己或所愛的人，以及我們所代禱的對象。有益的話語像一座堅固的城牆環繞我們，使我們不致遭害。

> 「愚昧人張嘴啟爭端，開口招鞭打。」（箴言十八章6節）

無知的人常常一開口就為自己惹麻煩。那些愛爭辯吵架的

人是缺少判斷力的人。

你難免會遇到意見看法不同的人，但你不需要和他們爭論。有些人就是什麼都要爭辯，對立的靈讓他們對任何人都不以為然。他們不論是在家裡、教會、職場或甚至在一些友好的聚會中，都要引起紛爭及不合。他們永遠都持相反意見，絕不會「從善如流」，因為他們認為自己比其他任何人都更聰明、更有知識、有見識。

不過箴言卻稱這些人為「愚昧人」，因為他們會害自己受苦。他們的口舌總是讓自己惹上麻煩、造成傷害。總有一天神會親自「掌嘴」，祂不會無限期地容忍愚昧人的傲慢無知，祂說：「我再也不容許他們這樣挑戰我了。」

「愚昧人的口自取敗壞；他的嘴是他生命的網羅。」
（箴言十八章7節）

缺乏判斷能力的人常常一開口就滔滔不絕、信口開河，一直到闖了禍才停下來。他不只是讓自己的生命陷入危機之中，他口中的話語甚至會使自己的靈魂陷入危險的網羅。

要謹慎管控自己口中所出的話語，言語要有智慧，以免讓自己惹上麻煩。

「謹守口與舌的，就保守自己免受災難。」（箴言廿一章23節）

讓我們再次讀使徒雅各對教會所說的話：「原來我們在許多事上都有過失；若有人在話語上沒有過失，他就是完全人，也能勒住自己的全身。我們若把嚼環放在馬嘴裡，叫牠順服，就能調動牠的全身。看哪，船隻雖然甚大，又被大風催逼，只用小小的舵，就隨著掌舵的意思轉動。這樣，舌頭在百體裡也是最小的，卻能說大話。看哪，最小的火能點著最大的樹林。舌頭就是火，在我們百體中，舌頭是個罪惡的世界，能汙穢全身，也能把生命的輪子點起來，並且是從地獄裡點著的。各類的走獸、飛禽、昆蟲、水族，本來都可以制伏，也已經被人制伏了；惟獨舌頭沒有人能制伏，是不止息的惡物，滿了害死人的毒氣。我們用舌頭頌讚那為主、為父的，又用舌頭咒詛那照著神形像被造的人。頌讚和咒詛從一個口裡出來！我的弟兄們，這是不應當的！泉源從一個眼裡能發出甜苦兩樣的水嗎？我的弟兄們，無花果樹能生橄欖嗎？葡萄樹能結無花果嗎？鹹水裡也不能發出甜水來。」（雅各書三章2～12節）

第93天
見證人只說真話

讀經：箴言十四章5、25節，十九章5、28～29節，廿一章28節

「誠實見證人不說謊話；假見證人吐出謊言。」（箴

言十四章5節）

　　見證人擔負非常重大的責任，他的證詞可以使人免罪，也可能使人被判死刑。

　　他必須詳知眞相，他口中的話必須誠實眞確。忠心的見證人是值得信賴的人。

　　我們都蒙召作見證人，叫世人知道基督是榮耀的神。耶穌曾對祂的門徒說：「但聖靈降臨在你們身上，你們就必得著能力，並要在耶路撒冷、猶太全地，和撒馬利亞，直到地極，作我的見證。」（使徒行傳一章8節）

　　撒但也有見證人，這些人都是欺謊之人。　他們謊稱自己知道救恩之道，但他們事實上誘使許多人走進虛妄的宗教中。很多人就因爲信了這些人的見證，最後步入了地獄。

　　「作真見證的，救人性命；吐出謊言的，施行詭詐。」（箴言十四章25節）

　　天堂將充滿從捆綁中得釋放的靈魂，因爲地上有人願意忠心地作見證。在這末世耶穌要我們剛強壯膽，以行動將眾人從罪惡的轄制中釋放出來。

　　「作假見證的，必不免受罰；吐出謊言的，終不能逃脫。」（箴言十九章5節）

凡作假見證的人都必受罰，因為他們害人受苦。世界上最讓人痛苦的事，就是遭到假證詞的誣陷。

耶穌曾經站在大祭司和公會前經歷這樣苦楚。這就是為什麼在舊約中，會多次出現關於假見證的警告。那些人若是留心傾聽神的話語，就不會對耶穌做如此的惡事。但他們說謊詆毀榮耀的神，今天恐怕已經落在地獄裡。

「匪徒作見證戲笑公平；惡人的口吞下罪孽。」（箴言十九章28節）

罪人確實嘲笑審判日（注：經文中「公平」英文為「審判」）！無論你如何警告他們，他們只會回過來嘲笑你。你告訴他們再這樣下去會下地獄，他們一點也不在乎。他們嘲笑那些關心他們靈魂的人。

當惡人作假見證使無辜之人陷入牢獄之災或被判死刑，他們的良心甚至絲毫不感到愧疚。以前有很多人曾經因為貪婪，或因為想討好有權有勢的人而作假見證。然而他們當初怎樣陷害他人，總有一天也要吞下一樣的苦果。

「刑罰是為褻慢人預備的；鞭打是為愚昧人的背預備的。」（箴言十九章29節）

惡者的刑罰已經準備好了。就如同神為義人準備獎賞一

般，祂也為輕蔑褻慢者預備了刑罰。

「作假見證的必滅亡；惟有聽真情而言的，其言長
存。」（箴言廿一章28節）

凡作假見證的，在他開口的那一刻起，就走向了毀滅的道
路。當他定無辜人的罪時，可能一時會覺得洋洋得意，殊不知
他其實同時也定了自己的罪，宣告了自己的死刑。

所以下次當敵人誣陷你時，不要害怕，要平靜安穩，主必
定會審判他。事實上他已經為自己帶來審判，誰也攔不住。

所以要謹慎，絕不要成為一個作假見證的人！

第 *94* 天

叫智慧在你心中安然靜默

讀經：箴言十四章6～9節，十四章33節

「褻慢人尋智慧，卻尋不著；聰明人易得知識。」
（箴言十四章6節）

褻慢人永遠得不著智慧，因為他面對願意教導的智者，總

是輕視嘲笑。他覺得自己已經什麼都知道了。

　　但聰明人得知識卻很容易，因爲他有受教的靈。智者也喜愛將智慧傳授給渴望學習的人。

　　「到愚昧人面前，不見他嘴中有知識。」（箴言十四章7節）

　　如果你跟某些人談話，發現他們的言語盡是空談，所說的話盡都荒謬，那麼就遠離他們吧，這是最佳的忠告。你不必覺得自己一定要迎合、討好對方。要儘可能趕快離開，何必要浪費自己寶貴的時間和精力？你永遠不可能和那種人講道理或是改變他。

　　「愚妄人犯罪，以爲戲耍；正直人互相喜悅。」（箴言十四章9節）

　　人若在言行中不把罪當一回事，不認爲它會造成什麼危險，那麼這個人是非常危險的。

　　罪是很嚴重的事。絕對不能嘲笑、輕視它，認爲它沒什麼大不了。絕對不要把罪行當作一種玩笑或覺得它毫無意義。

　　罪是蓄意的過犯。它違背了有屬天權柄的律、聖潔的標準和公義的法則。它與神的心意和聖潔相違背，是受撒但所驅策的行爲。

人若是刻意犯罪並且辱罵責備他的人，這人便陷入了極危險的境地，他的靈已陷入險境。

確實，現今有許多執政者都想要將道德敗壞的性行為和墮胎等嚴重的罪合法化。他們想要立法，讓站出來指責這些罪的人變成違法者。已經有些基督徒為了維護胎兒的生命權，而遭到殘酷的牢獄之災。這整個國家是一個視「智者」為愚人的國家，終有一天他們會受到神的審判和刑罰。義人則因為願意站出來抵擋罪，而蒙神喜悅。罪人嘲笑我們的神，但總有一天神會讓他們無地自容。

「智慧存在聰明人心中；愚昧人心裡所存的，顯而易見。」（箴言十四章33節）

聰明人會將所知道的真理藏在心中。他不會招搖誇耀，而是讓真理了然於心。

當神將向你揭露隱密的事時，不要急著去告訴全世界的人。要在心中保留這些事，讓神告訴你哪些是可以分享出去，而哪些必須「存」在心中。

愚昧人永遠不會分辨何時該開口，何時該保持靜默。由於他們缺乏判斷力，所以他們常常說得太多，以致惹禍上身。

要禱告求神幫助你，學習如何讓智慧存在你的心中。

第 95 天

經歷苦楚為主所用

讀經：箴言十四章10、13節

「心中的苦楚，自己知道；心裡的喜樂，外人無干。」（箴言十四章10節）

「苦楚」這個詞在希伯來文中就是mar，意思是「苦毒、心碎的經驗，尤其是家中發生的苦痛」（參考創世記廿七章34節）。

世界上有很多受傷的人，他們心中有著深深的傷口。有些人甚至一次又一次被撕裂刺傷、幾乎要死，但神要再次將他們扶起，醫治他們的心，使他們可以忘記受傷害的過往。神會幫助我們，使我們能夠饒恕傷害我們的人。

神要使這些勝過傷痛苦楚的人歸向祂，成為祂的新婦。

他們雖然經歷極大的痛苦，但他們並不向他人訴苦，只將這些傷痛藏在心中。這麼做的原因可能是為了保護自己所愛的人，或者為了加害者的職場生涯，或甚至是為了神的緣故——為了不要辱沒神的名，或是因為神的愛。

只有你自己知道過去或現在承受了多大的痛苦，然而這糾纏不去的苦楚終將磨練你，使你蛻變成為更好的人。你如果

讓神去成就他要在你身上成就的事——事實上祂今天仍然在動工——你就能走出試煉的火爐，成爲合神使用的器皿，直到永生。

我們如今都還在永恆的開端，你當然可以承受苦楚更久一點！

當你看到有人受苦時，不要干涉神正在他生命中所動的工，只要代禱、安慰和對他付出愛與關懷。不要去停止大陶匠的轉輪，否則你會毀了祂的傑作，使祂必須重新開始。如此一來，那人會承受更多的痛苦，而神也必須花更多的時間去完成祂的作品。

「人在喜笑中，心也憂愁；快樂至極就生愁苦。」

（箴言十四章13節）

你是否曾經在放聲大笑的同時，感受到自己的心中其實甚是愁苦？神能看透你心中的痛苦，你的笑臉、歡笑和矯飾的快樂，都騙不過祂。

並非只有你這樣掩飾自己，世界上有一半以上的人都用微笑來掩飾自己破碎的心。就算身旁的人看起來很快樂，好像不需要溫柔和安慰，你也不要害怕去和他聊聊，因爲你永遠不會知道他心中藏些什麼。有時候從來不掉淚的人，事實上內心正在絕望地哭喊。

你自己有多少次，縱然一晚狂歡玩樂，但第二天醒來的時

候，內心卻是無比沉重？

在這個世上的喜劇、笑話或是幽默裡找不到真正的喜樂，惟有在永生的神裡才能找到真喜樂。

第 *96* 天

惡人的房屋必要荒蕪

讀經：箴言十四章11～15節

「奸惡人的房屋必傾倒。」（箴言十四章11節）

在希伯來文中「奸惡」一詞就是*rasha*，意思是「不道德、不公義、錯誤及有罪的」。

而「傾倒」則是*shamad*，表示「被遺棄、荒蕪、遭毀的」。

惡人將沒有永久居住的處所。

這個世代的人們過著不道德的生活，達到前所未有的程度，因為聖經和禱告被禁止進入課堂和校園，我們如今已經陷入罪惡的泥淖中。

許多老師、學生、傳道人和牧師都過著不道德的生活，他們降低了聖潔的標準，許多政治領袖也降低了道德的標準。我們常常聽到在上位者如何腐敗，這一切的下場就是我們的「房

屋」必要傾倒。耶穌對耶路撒冷說：「耶路撒冷啊！耶路撒冷啊！你常殺害先知，又用石頭打死那奉差遣到你這裡來的人。我多次願意聚集你的兒女，好像母雞把小雞聚集在翅膀底下；只是你們不願意。看哪，你們的家成為荒場留給你們。我告訴你們，從今以後你們不得再見我，直等到你們說：『奉主名來的是應當稱頌的。』」（路加福音十三章34～35節）

當耶穌對耶路撒冷說出這先知性的審判時，心裡或許就是想到了這段箴言的經文。這些話在主前七十年的時候應驗了，當時羅馬皇帝維斯帕先（Commander Flavius Vespasianus Titus）的軍隊毀滅了他們的城，任其荒涼。

今天的美國也面臨了同樣的危機。我們的奸惡將會招致神的憤怒，除非我們立即轉向神，才會有一絲希望。

「正直人的帳棚必興盛。」（箴言十四章11節）

希伯來文中「興盛」是parach，它的意思是指「蓬勃、展開雙翅、成長、遨翔，以及昌盛繁榮」。過去當美國是個公義國家時，神就祝福她並使其興盛強大，但現在她因為離棄了神的同在，而有了該隱的記號，將來這就成了「獸的印記」。

「心中背道的，必滿得自己的結果。」（箴言十四章14節）

　　每個人都要按著公義接受審判——神並非手中拿著皮鞭、站在人的身後，人每次犯錯神就處罰一次；也不是因為神對人的罪感到憤怒，人罪有應得，所以神把他送到地獄。（神太愛我們，不會這樣報復我們，祂的愛太偉大了！）事實上是人決定了自己未來的命運，是人所犯的罪為自己帶來了審判的後果。

　　世界上最可悲的就是後退回到罪中的人。因為這人曾經嘗過屬天恩典的滋味，也知道世上無一事可以滿足他的靈魂——除了神自己，世上萬事都是虛空枉然——但是他的靈生病了，只能日復一日地自食惡果。

　　罪惡之人所吐出的，又轉過頭吃下（參考彼得後書二章22節），因此他必飽嘗自己種的苦果。

　　「善人必從自己的行為得以知足。」（箴言十四章14節）

　　相反地，「善人必從自己的行為得以知足」。當你知道自己所做的是對的事，心中會有很大的滿足、喜樂和平安。如果你的心與神、與人之間有美好的關係，那麼你就可以從心裡感到滿足。

　　你自己就可以祝福自己或是毀滅自己。

　　當罪人受夠了自己的罪，覺得再也不能忍受自己的時候，他就會選擇轉向神或是毀滅自己。這就是為什麼很多犯罪的人會自殺的緣故。

第 *97* 天

憤怒使人毀滅

讀經：箴言十四章16～18、29節，十五章1、18節，十六章29節

「智慧人懼怕，就遠離惡事；愚妄人卻狂傲自恃。」
（箴言十四章16節）

懼怕惡事是健康的。智慧人會遠離惡事，因為這人有智慧，明白惡事能夠、也一定會毀滅他。

絕對不要玩火，要像躲避瘟疫一樣地躲避罪。這個邪惡的世代可能會覺得某些罪是可以接受的，而且不接受他們的生活方式是你的錯。即使如此，你也不要覺得自己真的錯了。

愚妄人「狂傲」，這個詞的希伯來文是*abar*，意思是這人落入暴怒而失控犯罪。他事後還會為自己找藉口：「我爸爸以前就是這樣，我跟我爸爸一模一樣。」他合理化自己做的事，表示那不是罪，而是正常的。他自以為是地宣稱他的罪並不是罪，甚至不再有任何的罪惡感。他靈裡的光似乎已經完全熄滅了。他自信滿滿，覺得自己不必接受審判和刑罰。

沒有人能有把握，即使暴怒而失控犯罪，還能躲過罪責。這人永遠都覺得自己發脾氣全是別人的錯，所以他會合理化自己的行為，認為自己並沒有錯。永遠都是別人的問題，他

有充分的理由大發脾氣！

「輕易發怒的，行事愚妄；設立詭計的，被人恨惡。」（箴言十四章17節）

對於容易暴怒的人，大家都會退避三舍，沒有人喜歡和他親近。這些人或許有其魅力，他們可能擁有受人喜愛的一些特質。不認識他們的人或許一時之間會受到吸引，可是人們一旦發現自己成為這些人洩憤的對象時，就會開始敬而遠之。而易怒的人卻還不明白自己為什麼會沒有朋友，甚至連家人都不想和這種人相處，因為他們會受到他的怒氣所影響。

「不輕易發怒的，大有聰明；性情暴躁的，大顯愚妄。」（箴言十四章29節）

有些人的脾氣似乎總是在爆發的臨界點。只要一點小事就能引爆他們的怒氣。他們就是無法克制，會為一點小事而勃然大怒。他們身邊的人都很不安，因為他們擔心一不留意就點燃了這顆定時炸彈。

如果你就像這樣的人，而且還感到自豪的話，你需要悔改，因為你沒有什麼值得驕傲的。神說你是愚昧之人，祂說你甚至還以自己的愚昧自誇。你向別人誇口自己發了多大的脾氣、對人有多嚴厲：「你看我是怎麼數落她的！我把她嚇得半

死。她現在做什麼都會小心得不得了，她多怕我啊！」

那是在炫耀你的罪、誇耀你的怒氣，還有你如何用這怒氣去嚇唬別人。

「回答柔和，使怒消退；言語暴戾，觸動怒氣。」
（箴言十五章1節）

如果有人對你怒吼尖叫，絕對不要用同樣的方式回應。脾氣失控或是發怒對罵的人是沒有教養、沒有禮貌的。

能夠柔聲回應怒罵之人的，等於是控制住了憤怒的魔鬼，那才是趕走憤怒之靈的方式。

大衛就是透過神美好的樂音趕走掃羅裡面憤怒的靈。

冷靜鎮定的人慢慢發怒，他們明理有智慧。

「暴怒的人挑啟爭端；忍怒的人止息紛爭。」（箴言十五章18節）

生氣的人不會自己靜靜地懷著怒氣，他會到處去找願意聽他說或同情他的人，向他們發洩怒氣。這會在神的營中挑起紛爭。舊約中可拉和他的同黨就是這樣，結果許多人因此而滅亡（參考民數記廿六章9～11節）。

然而慢慢發怒的人則能夠平息憤怒的靈。能夠平息自己或他人憤怒之靈的，就如擁有了拿下整座城池的能力。

「強暴人誘惑鄰舍，領他走不善之道。」（箴言十六章29節）

暴力的言行源於內在深層的憤怒，它爆發出來之後就成為殘酷的暴行。這種憤怒最後可能造成暴力、殘忍和扭曲的行為。很多人因著對社會的憤怒，轉而以犯罪行為來報復世界。

怒氣爆發通常會帶來暴力的舉動。你永遠不會知道被怒氣操控的人什麼時候會暴力相向。這是因為惡者的靈藉由人生命中的變故，或藉由家族歷代的咒詛進到他們裡面。暴力的人總是試圖把別人捲進風暴中。

我們這個世代有很多年輕人沉溺於暴力，而且還慫恿其他年輕人加入他們，造成社會上許多的幫派械鬥。這些都是充滿暴戾之氣的年輕男女洩憤的結果。

幫派分子喜歡接近孤單的孩子。他們和這些孩子作朋友，引誘他們加入幫派。這些孩子中很多都是來自單親家庭，覺得沒有人關心他們。所以當幫派分子接觸他們，慫恿他們加入時，他們就加入了。他們很快也變成了暴力分子，因為幫派中的靈就是暴力。藉由幫派同伴的影響和暴力行動的催化，暴力之靈就在其中相傳。

第 *98* 天

良善必戰勝邪惡，
因為良善中有神的光

「壞人俯伏在善人面前；惡人俯伏在義人門口。」

（箴言十四章19節）

　　當利百加離開娘家要前往新郎以撒的家時，她的家人給了她特別的祝福：「他們就給利百加祝福說：我們的妹子啊，願你作千萬人的母！願你的後裔得著仇敵的城門！」（創世記廿四章60節）這是所有義人不論男女都可以得到的應許。這意味著良善將戰勝邪惡，因為神站在善這邊，所以良善更為強大。

　　現今世界來到史上邪惡勢力最猖獗的時代，但正義的一方絕不能放棄。我們對這個世界的不義冷漠以對、視而不見，但現在該是沉睡的巨人醒來、奪回城池，該是展開屬靈爭戰的時候了！現在該是我們舉起祭壇號角的時候！我們如果贏得屬天的爭戰，就會在地上的爭戰贏得勝利。仇敵將被擊潰，並在神的旨意前俯首下拜。

　　「謀惡的，豈非走入迷途嗎？謀善的，必得慈愛和誠實。」（箴言十四章22節）

　　凡設謀作惡害人的，不論是否自認為有正當的理由，他們都犯了極大的錯。

　　這是一個悖逆的世代，因為人們偏離了神的話語和心意。他們都將走向罪惡的死路。

　　然而在這悖逆墮落的世界裡，還是有一些人如明光照耀。在敗壞的世人中，他們顯得格外珍貴。他們的存在有如明光劃破黑暗，顯得特別耀眼。就像當時先知以賽亞對這個世代的預言：「興起，發光！因為你的光已經來到！耶和華的榮耀發現照耀你。看哪，黑暗遮蓋大地，幽暗遮蓋萬民，耶和華卻要顯現照耀你；祂的榮耀要現在你身上。」（以賽亞書六十章1～2節）

　　保羅對黑暗世代中屬神的百姓也曾如此預言：「使你們無可指摘，誠實無偽，在這彎曲悖謬的世代作神無瑕疵的兒女。你們顯在這世代中，好像明光照耀，將生命的道表明出來，叫我在基督的日子好誇我沒有空跑，也沒有徒勞。」（腓立比書二章15～16節）

　　你口中所出的話語，不只能夠點亮你前面的路，還能在你的品格中形成慈愛和誠實的特質，如此一來你的光亮便將更加的閃耀。

第 *99* 天

貧窮人

讀經：箴言十四章20～27、31節，十七章5節

「貧窮人連鄰舍也恨他；富足人朋友最多。」（箴言
十四章20節）

我結交的朋友都是窮人會結交的朋友。每當我有所需要的
時候，他們就會在我身邊。有些人會在你失意時離棄你，但我
的朋友會在這樣的時候待在我身邊。

有些朋友會在你經歷重大試煉時離棄你，就像約翰所
說的：「他們從我們中間出去，卻不是屬我們的；若是屬我
們的，就必仍舊與我們同在；他們出去，顯明都不是屬我們
的。」（約翰一書二章19節）

根據約翰在福音書中對耶穌生平的介紹：「從此，祂門徒
中多有退去的，不再和祂同行。」（約翰福音六章66節）約翰
的心中一定記得門徒四散離開耶穌之後，耶穌所說的話。

貧窮的人常會被鄰居瞧不起，因為他們讓鄰居感到丟
臉。驕傲的人可不想「住錯區」。他們總想驕傲地告訴人，
自己是住在多麼高檔的區域。他們結交很多交遊廣闊的「朋
友」，這些朋友總以自己認識某某人為榮。

　　如果你是貧窮的人，千萬不要試圖攀附著別人的名聲往上爬。還記得那個接待以利沙的書念婦女，以利沙表示可以把她引介給國王，但是她並不感興趣。她回答說自己對於所住的家鄉感到很滿足（參考列王紀下四章13節）。

　　這個婦人一家因為饑荒而遷往他處，她在多年之後回到本鄉，卻發現土地和家產都被別人占據了。所以她向王哀告，請求他協助奪回家業。當她來到王的處所時，以利沙的僕人正好在向國王述說關於她的事，於是王決定親自接見她。

　　我們終有一天會面見天上的王，祂將使我們重得屬於我們的產業，以及所有被撒但奪去的收成，就像那位以色列王為婦人所做的一樣。

　　「藐視鄰舍的，這人有罪；憐憫貧窮的，這人有福。」（箴言十四章21節）

　　藐視窮人是有罪的，但是很少有人意識到這是一種罪。我想恐怕我們每個人都不得不承認自己犯了這個罪。當然我們也無法躲過這罪的刑罰，願主改變我們，叫我們以憐憫對待窮人！

　　以憐憫對待窮人的，從神得到一個應許，那就是得到喜樂的福。「喜樂」一詞在希伯來文中是esher，它是Asher的字根，Asher就是以色列中的「亞瑟」一族，同時也是「蒙福」的意思。我相信當耶穌想到這個字的時候，祂指的是至上無比

的福氣。

> 「欺壓貧寒的，是辱沒造他的主；憐憫窮乏的，乃是
> 尊敬主。」（箴言十四章31節）

這裡的「欺壓」一詞，在希伯來文中是charaph，意思是「扯下、顯露、剝奪、辱罵、蔑視、羞辱」。

因為就算是窮人，他們也是按神的形像所造，我們絕對不可以冷酷地對待他們。就算是可憐的印度小乞丐，衣著破爛，全身都是爛瘡，流著鼻涕，肚子因為充滿蛔蟲而鼓脹，伸著手向你乞討，不要忘了他也是按著造物主的形像造的。德蕾莎修女（Mother Theresa）就是領悟了這項真理，所以成為一位偉大的女性。她有一顆憐憫人的心，服事貧窮人、看顧他人的需要，不但使窮人得福，也榮耀了主。

> 「戲笑窮人的，是辱沒造他的主；幸災樂禍的，必不
> 免受罰。」（箴言十七章5節）

神的話說得很清楚，所有欺壓窮人的，都是在羞辱他的創造主。當你殘酷的對待窮人，任由他們飢餓或是衣不蔽體，就等於是剝去神的衣衫任其裸露，這是褻瀆神的。

所以神對祂的羊群中，凡是給窮人吃、給赤身露體者衣裳的說：「我實在告訴你們，這些事你們既做在我這弟兄中一個

最小的身上，就是做在我身上了。」（馬太福音廿五章40節）

當你給赤身露體的窮人衣裳穿時，就是將你對窮人的愛與恩慈穿在創造你的主身上，所以絕對不要抑制你的憐憫心！

凡是嘲笑受傷者的，都要面對神的憤怒，我們要憐憫貧窮者，不要恥笑辱罵他們。因為這樣做的話就是剝去神的衣裳，如同剝去祂的榮耀外衣一般。

第 100 天
國境富強則王權穩固

讀經：箴言十四章28～35節

> 「帝王榮耀在乎民多；君王衰敗在乎民少。」（箴言十四章28節）

如果一個國家的人民凡事興旺、幸福快樂，他們就會敬重尊崇他們的國王。他們會把自己得到的好處都歸功於這位王的英明治理，所以對人民來說，能有一位好的君王是他們莫大的福氣。維多利亞女王就是一位這樣的王，從一八三七年至一九〇一年，她以公義的法則統治英國達六十五年之久，在她的治理其間，大不列顛王國成了一個強大、為世人所敬畏的國家。我小時候就讀的加拿大學校裡就教導我們，大英帝國是一個日

不落國！

　　當時有很多國家都是由國王統治的，不過因著戰爭、革命行動、經濟蕭條，還有不滿的人民對君王的抗爭。現在王權統治的國家已經很少了，人民要的是民主而不是神權政治，於是君王政權就滅絕了。

　　在歐洲有很多卸任的君王或是王妃，還有一些聲稱擁有一國或是多國王位的冒牌貨，這些人就是沒有皇冠的王子、失去寶座的國王。

　　「心中安靜是肉體的生命；嫉妒是骨中的朽爛。」
（箴言十四章30節）

　　一個人若擁有了健康的心，通常就會全人怡然。

　　一個人的心若與神和好，將有助於保持健康長壽，因為如此一來這人的靈魂就會得到平安。如同經上所說的：「神所賜、出人意外的平安必在基督耶穌裡保守你們的心懷意念。」
（腓立比書四章7節）

　　一個人對於自己生活中所擁有的若能感到滿足快樂，他們比那些擁有了一切還貪心想要更多的人更為蒙福。就算是世界上最富有的人，也不可能擁有一切，世上有很多東西是買不到的，像是健康、愛、靈魂的純潔、他人的尊重還有在神面前的聖潔。

　　健康的心是健全純淨的，在單純天真的孩子身上就可以找到這樣的心，他們信賴人、愛人。

221

當耶穌要向我們說明何為純潔的心時，祂沒有以自己為範例，而是要我們看看小孩。因為耶穌若是以自己為範例的話，大家一定不會接受，而會不停地批判，但是誰能批評一個孩子呢？

求神賜給你孩子一般的心，這樣你就能夠放下很多老我的苦與痛。讓你的心遠離嫉妒、憤怒、仇恨和貪婪，如此一來健康的靈就會影響你的身體，為你帶來健康。很多人就是因為內在的憤怒、苦毒、抱怨和不饒恕才生病的，要學習像耶穌，就能夠感受到祂復活的生命湧流在你裡面，而這也是主所喜悅的。

「智慧的臣子蒙王恩惠；貽羞的僕人遭其震怒。」
（箴言十四章35節）

其實神對你所期望的就是作祂甘心樂意的僕人，如果你可以認清這一點，必能得到祂無上的恩寵。祂所愛的就是心裡純淨的，耶穌曾說：「清心的人有福了！因為他們必得見神。」這是何等大的恩寵啊！

但我們若是因著自己的言行、懷疑和不義，不得神的喜悅，反而讓祂蒙羞的話，神會發怒，我們也會因此而遭禍。

所以我們若是知道該怎麼做才能得神的喜悅，並且得到祂的恩寵，那麼何樂而不為呢？讓我們天天求神，幫助我們清除心中所有會讓神憂愁的，這樣我們就能見到神的應許得以實現：「又要以耶和華為樂，祂就將你心裡所求的賜給你。」
（詩篇卅七篇4節）

靈修叢書ES115

智慧的珍寶 —— 聆聽智慧的聲音

原　　著／邵貴恩
譯　　者／李琳
編　　輯／邱恩宜、楊思永、林汝穎
封面設計／白佳琪
創 辦 人／章啓明
發 行 人／鍾聲揚
出版總監／黃聖志
出 版 者／財團法人基督教以琳書房
地　　址／臺北市10686忠孝東路四段210號B1
網　　址／www.elimbookstore.com.tw
讀者信箱／reader@elimbookstore.com.tw
臉　　書／www.facebook.com/elimfb
電　　話／（02）2777-2560 轉211、215
傳　　眞／（02）2711-1641
郵政劃撥／0586363-4　財團法人基督教以琳書房
登 記 證／局版臺業字第2854號
總 經 銷／貿騰發賣股份有限公司
網　　址／www.namode.com
版權所有‧請勿翻印
出版日期／2022年2月一版一刷
再版年份／30 29 28 27 26 25 24 23 22
再版刷次／18 17 16 15 14 13 12 11 10 09 08 07 06 05 04 03 02 01
原著書名／Gems of Wisdom
Copyright © 1990, 1994 Gwen Shaw
All rights reserved. Chinese Edition Copyright © 2022 by
Elim Christian Bookstore. Printed in Taiwan.

本書如有缺頁、破損、裝訂錯誤，請寄回本書房更換。
ISBN 978-957-9209-96-0（精裝）

國家圖書館出版品預行編目資料

智慧的珍寶 / 邵貴恩（Gwen Shaw）著；李琳譯. --
一版. --臺北市：以琳，2022.05
　　　面：　公分. --（靈修叢書：ES115）
譯自：Gems of Wisdom

ISBN　978-957-9209-96-0（精裝）

1. CST: 基督教 2.CST: 靈修

244.93　　　　　　　　　　　　111001105